中国女作曲家史

王新磊 著

中国海洋大学出版社

·青岛·

图书在版编目（CIP）数据

中国女作曲家史 / 王新磊著 . -- 青岛 ： 中国海洋

大学出版社， 2024. 8. -- ISBN 978-7-5670-3941-4

Ⅰ . K825.76

中国国家版本馆 CIP 数据核字第 2024F9L441 号

中国女作曲家史
ZHONGGUO NÜ ZUOQUJIA SHI

出 版 人	刘文菁
出版发行	中国海洋大学出版社有限公司
社　　址	青岛市香港东路 23 号　　　　邮政编码　266071
网　　址	http://pub.ouc.edu.cn
责任编辑	郑雪姣　　　　　　　　　　　电　　话　0532-85901092
电子邮箱	zhengxuejiao@ouc-press.com
图片统筹	寒　露
装帧设计	寒　露
印　　制	河北万卷印刷有限公司
版　　次	2024 年 8 月第 1 版
印　　次	2024 年 8 月第 1 次印刷
成品尺寸	170 mm × 240 mm　　　　　　印　　张　12.25
字　　数	200 千　　　　　　　　　　　印　　数　1 ~ 1000
定　　价	88.00 元
订购电话	0532-82032573（传真）　　18133833353

发现印刷质量问题，请致电 18133833353 进行调换。

前 言

撰写《中国女作曲家史》具有深远的意义。目前的音乐史研究对男性作曲家的关注较为充分，而这些研究中，女性作曲家的历史地位、贡献及其作品往往被边缘化或忽视。本书有助于填补这一学术空白，它系统地梳理和记载中国历史上活跃的女作曲家们的生平事迹、音乐创作、艺术成就和影响，留下了她们在音乐文化史上辉煌的一笔。

对女性作曲家群体的研究可以揭示出不同历史时期女性在音乐创作中的角色转变、面临的挑战、突破的限制以及她们如何以独特的女性视角和表达方式丰富音乐的语言和风格。这样的历史书写不仅有助于我们深化对音乐史整体脉络的理解，还提供了性别视角下的文化解读，有助于我们构建更为全面、多元的音乐史观。

中国许多女作曲家创作了脍炙人口的音乐作品，这些作品深深影响了几代人的成长，成为国家和民族集体记忆的一部分。撰写《中国女作曲家史》是对这些杰出女性艺术成就的致敬，也是对其坚韧不拔、勇于创新精神的传承，对于激发当代女性在音乐领域的创造力和自信心具有重要作用。

本书力求对中国女作曲家进行全面深入的研究，不仅希望为音乐学者提供丰富的研究素材和新的研究方向，而且希望为音乐教育者的课程设计提供更多女性作曲家的作品和案例，打破教学内容的性别偏见，使学生能接触到更广泛的音乐流派和创作理念，形成更加开放包容的艺术审美和批判思考能力。

在全球范围内，对女性音乐家的研究日益受到重视。本书不仅努力展示女性在世界音乐史上的贡献和价值，也希望它能成为对中国音乐史乃至世界音乐史的一个补充。能够有助于音乐学者做研究参考和有助于进行科普参考。

由于资料欠缺不完善，笔者在此对台湾地区的大多数女作曲家暂不介绍。笔者水平有限，本书难免有不足之处，敬请读者朋友批评指正！

王新磊

2024 年 5 月

目 录

第一章 1949 年以前的中国女作曲家音乐创作

1840 年鸦片战争后，中国逐步沦为半殖民地半封建国家。农民运动不断冲击着清王朝的腐败统治。同时，资本主义经济得到了一定的发展，民族资产阶级中的革命分子领导各阶层人民群众进行反帝反封建斗争，并于 1911 年发动辛亥革命推翻了清政府，结束了我国的封建帝制统治。

1949 年以前，在传统音乐之外，西方文化的传入给我国带来了以学堂乐歌为代表的新式歌曲形式。音乐创作分别朝着大众化和艺术化两个方向发展，后来还出现了歌剧等大型舞台表演形式的相关作品。为数不多的女性作曲家在其中锦上添花，有些还起到了非常重要的作用，有着较高的专业水准和威望。同时，女作曲家们在器乐创作方面进行了可贵的探索，创作出一些音乐作品。也有一些音乐作品通过电影方式展现出来，为我国现代音乐文化的发展提供了宝贵的借鉴。

以下从声乐创作和器乐创作两方面分别对这一时期中国的女作曲家的音乐创作进行介绍和分析。

第一节 声乐作品

一、歌曲

（一）群众歌曲与一般儿童歌曲

学堂乐歌以简易、好记、好唱为特征。在学堂乐歌的创作和普及过程中，秋瑾可以说是先行者之一。

1. 秋瑾

秋瑾（1875[①]—1907），近代资产阶级革命家、女权运动家、文学家。初名闺瑾，乳名玉姑，字璿卿，号旦吾，留学日本后改名瑾，号（或作别号）竞雄，自称鉴湖女侠，笔名秋千、汉侠女儿，曾用笔名白萍。生于福建省泉州府同安县云霄厅（今属漳州市云霄县）[②]。曾祖父秋家丞曾任上海华亭县令，祖父秋嘉禾曾任福建云霄厅、台湾鹿港厅同知，父亲秋寿南曾任台湾府院文案。秋瑾亦曾于1886年与母亲兄妹在台北市居住三个月。

1903年的中秋，秋瑾身着男装到戏院看戏，轰动一时。不久，她和丈夫王廷钧发生了婚姻危机，之后离婚。1904年5月，秋瑾东渡日本，积极参加留日学生的革命活动，参与发起、组织或加入一些革命组织。1905年，秋瑾回国省亲，五六月间由徐锡麟介绍加入光复会，7月15日再次东渡日本，8月在黄兴寓所加入由孙中山等创立才半个月的中国同盟会。1906年2月，秋瑾因抗议日本文部省于1905年11月2日颁发的《清国留日学生取缔规则》而回国，9月在上海组织锐峻学社。

1907年1月，秋瑾在上海创办《中国女报》（只出版两期），3月回绍兴，与徐锡麟等创办明道女子学堂，不久又主持大通学堂[③]体育专修科，并任学堂督办。

7月6日，徐锡麟在安庆刺杀了安徽省巡抚恩铭，被捕后被杀害，安庆起义遂告失败。徐锡麟弟徐伟供词牵连秋瑾，但秋瑾拒绝离开绍兴，认为革命要流血才会成功。浙江巡抚张曾敭（张之洞的叔父）得知徐锡麟与绍兴大通学堂督办秋瑾乃为同党，气急败坏。14日下午4时，秋瑾

---

① 有说法是出生于1879年11月24日（农历十月十一），也有1876、1877、1878年出生之说。

② 其故居位于云陵镇享堂村紫阳书院（七先生祠）。

③ 1905年由徐锡麟等创办，后作为绍兴光复会总机关。

在大通学堂被捕。15 日凌晨三四时，秋瑾于绍兴古轩亭口被杀害。其坟墓由于各种原因经过 12 次迁移，最终葬于杭州西湖西泠桥头。

在文艺方面，秋瑾除创作了一些高质量的诗词、小说、散文外，作为我国最早用简谱进行创作新歌曲的女性，她还曾作有几首学堂乐歌。

1904—1905 年，秋瑾在日本学习时接触了当时日本流行的新歌曲，这为她日后回国以歌曲为武器宣传革命思想奠定了基础。1906 年春回国后，她即运用当时所学到的音乐知识创作了歌曲《勉女权》（在 1983 年故事片《秋瑾》中进行了展示）。此歌曲刊登在 1907 年 2 月 4 日的《中国女报》第二期上，迅即在全国妇女界产生了强烈反响。这首歌对旧社会奴役女性的风习进行了抨击，对"男女平权"思想进行了大力的宣传，为争取妇女解放、自由和光明唱出了"恢复江山劳素手"的声音。之后，她又陆续创作并发表了《同胞苦》等歌曲，但均已失传。

2.《清华大学校歌》

随着学堂乐歌优良精神的延续，在 1923 年前后，清华学校公开征集校歌，当时在校内教授国文与哲学课的汪鸾翔先生撰写的歌词（"西山苍苍"），英文文案处主任何林一先生的夫人张慧珍（也有作张丽珍或张惠珍）女士（旧署何林一夫人）谱的曲，经校内外名人评审入选。这首校歌是我国优秀传统文化的结晶，能够代表中国文化精神，同时符合清华校训，体现出清华教育的宗旨。后来由赵元任编成合唱，风格隽永，100多年来，一直是深受师生欢迎的佳作。

3.《湖北省立农学院院歌》

1946 年，喻宜萱[1]在担任湖北省立农学院音乐指导时创作了一首《湖北省立农学院院歌》（后来的《华中农业大学校歌》），它由学校的国文博士朱再庵作词。这首歌沉郁雄壮、振奋人心，至今依然在使用。它采用的是舞曲常用的三拍子节奏，却全然没有舞曲的缠绵柔曼之气，相反，由于多处使用全休止符，并运用上行音程的行进式旋律，形成了明快跳跃的节奏。它全然没有一般校歌的呆板凝重，时代特征鲜明。

4. 其他作品

抗战时期，女作曲家创作的群众歌曲有周淑安 1930—1931 年的《抗日歌》《同胞们》《不买日货》，瞿希贤 1938 年的《春耕歌》（已佚失），萧淑娴 1939 年的《踢毽子》《斗蟋蟀》，莎莱 1942 年的《纺棉花》，等等。抗战胜利后，寄明、江巍、李群、黄准、俞频、凌霞等也陆续加入女作曲家队伍，崭露头角。例如，寄明的《庄稼人小唱》，江巍的《将革命进行到底》（鲁琪词），李群的《七月里七月一》、儿童歌曲《别看

---

[1] 喻宜萱（1909.09.06—2008.01.08），江西省萍乡市人。女高音歌唱家、声乐教育家，新中国声乐事业的主要开拓者和奠基者之一。曾任中央音乐学院教授、副院长并创建中央音乐学院声乐系，将民歌《康定情歌》唱红。全国政协第二、第三、第四、第五、第六届委员。在创作这首歌时她的丈夫管泽良任湖北省立农学院院长。

我们年纪小》(希扬词)，凌霞① 的《从黑暗到光明》(林寒流词)、《黑暗曲》(武曲仁词)、《进步赞》(郭沫若词)② 等，也都是这一时期的作品。

现代意义上最早的"唱作人"梁萍(1926—2020)作出了有历史意义的独特贡献。她生于上海市，15 岁时考入国立音乐专科学校学习音乐，并进入百代唱片公司灌录唱片。在 1946—1949 年演唱、录制了自己创作的几首歌曲作品：《不老的爸爸》(梁萍词，梁萍、姚敏曲)、《伟大的母亲》(梁萍词曲)、《千里盼知音》(黎锦光词，梁萍、黎锦光曲)、《小小云雀》(黎锦光词，梁萍、黎锦光曲)。这些歌曲影响了后来港台地区流行音乐的发展。

(二)电影歌曲

中华人民共和国成立前罕有女性参与电影音乐创作的例子。女作曲家黄准于 1947 年进入东北电影制片厂，为解放区第一部故事片《留下他打老蒋吧》作曲；后在陈波儿的帮助下，1948 年完成主题歌《军爱民、民拥军》，这首歌在东北地区广为流传。

(三)艺术歌曲

早期的专业音乐创作领域，以周淑安和萧淑娴为女性代表人物。在

---

① 凌霞(1909—1946)，广东省揭阳市地都镇邹堂南陇村人。原名郑凌霞。1929 年秋入上海新华艺术大学音乐系学习一年。1931 年入读广东戏剧研究所属下音乐学校并勤工俭学三年。之后投入抗日救亡工作。丈夫林寒流后来曾任广东省文化厅(现文化和旅游厅)副厅长。1938 年夫妻从武汉奔赴延安，凌霞进入陕北公学、抗日军政大学、延安工人学校学习。1939 年任华北联合大学舞蹈研究室主任，并执教于戏剧系，所作《儿童放哨歌》歌词及配谱舞法获晋察冀文艺协会"鲁迅创作奖金"。1946 年 2 月夫妻到达吉江省洮南(今洮南市)县工作。3 月 15 日凌晨之前，凌霞已完成了计划中四首歌中的三首，下午 4 时 50 分，遭遇车祸去世。葬于洮南烈士陵园。

② 以上三首歌编成了《从黑暗到光明——凌霞同志曲选》(《凌霞同志逝世七日祭》)小册子。

艺术歌曲创作方面，比较突出的是周淑安，她是中国这一领域的开创者之一。张玉珍的作品体现了在少儿音乐创作方面的可贵探索。萧淑娴的童声二部卡农《溜冰》体现出娴熟的复调技巧。莎莱在冼星海指导下完成的《怒吼吧，鸭绿江》是延安文艺女青年在合唱写作方面的可贵探索。之后，在延安又产生了李群的混声合唱《大生产》（费克词），叙事歌曲《有一个人》（贺敬之词）、《张大嫂写信》（贺敬之词）等作品。在淮海战役前线产生了俞频的大合唱《淮海战役组歌》序曲《争取更大胜利》（向僧词，与何方合作作曲）等作品。

周淑安（1894—1974），作曲家、指挥家、声乐与钢琴教育家，生于福建省厦门市思明区鼓浪屿一个书香家庭。祖父是前清举人，父亲周之德（1956—1940）为基督教牧师，母亲谢香枝（1856—1895）是南洋归侨，育有二子四女。周淑安是幼女（小名安娜）；她的大哥周森友是留美医学博士；二哥周辨明博士是著名语言学家，是中国现代语言学和文字改革运动的先驱者之一。

周淑安在孩童时代便显露了音乐天赋。她跟随二姐周淑俭开始接触初步的音乐技能和知识，包括弹钢琴和唱歌。1907 年，周淑安考入鼓浪屿女子师范学校。1908 年 10 月 30 日，周淑安在清政府欢迎美国舰队的主会场招待会上领唱了美国国歌，大受美国舰队司令赞赏。1911 年，周淑安中专毕业后，留校任教。1912 年，周淑安前往特别重视音乐教育的上海中西女塾读书，并与其二哥的漳州籍同学——后来成为其丈夫和中国第一位公共卫生专家的胡宣明结识。1914 年夏天，周淑安成为我国庚款第一批 10 名公费留美女学生之一（其中还有另外三名音乐生：汤蔼林[1]、

---

[1] 汤蔼林（1894—1980），江苏人。曾就读于上海中西女塾。1915—1919 年在美国波士顿女子文理学院卫斯理学院学习钢琴等。1919 年曾参加创作轻歌剧《远在波斯》。丈夫是银行家王正序。20 世纪 60 年代后正式移居美国，逝世于美国华盛顿，葬于弗吉尼亚州阿灵顿。

王瑞娴[①]、杨毓英[②]）。她们乘"中国"号轮船抵达旧金山。周淑安先进入布拉津学院大学预科班进修英文；一年后考入哈佛大学拉德克利夫女子学院，主修美术、音乐、语言；1919年毕业，获哈佛大学文学学士学位。与此同时，她还在波士顿新英格兰音乐学院进修声乐、钢琴和视唱练耳课程。1917—1919年，每逢暑假，她便到康奈尔大学的音乐师范学院学习音乐教授法、合唱指挥和作曲理论。1919—1920年，她又到纽约音乐学院进修声乐，并在哥伦比亚大学选修社会工作课程。她刻苦学习几乎到了废寝忘食、分秒必争的地步。1920年毕业后，她顺道游览了英国、法国、德国、瑞士、意大利，大大开阔了艺术眼界。这年秋天，她回到上海与胡宣明博士结婚。他们搬入愚园路居所，购置了一台三角钢琴。

　　1921年，胡宣明任广州城市卫生局局长。周淑安随夫前往广州，任教于广东女子师范学校。1923年，他们的儿子胡伯亮出世。1923—1925年，周淑安在上海又拜一位俄罗斯歌剧演唱家为师进修声乐，并任中西

---

① 王瑞娴（1893—1971），广东（一说香港）人。曾就读于上海中西女塾。1915—1916年在美国波士顿女子文理学院卫斯理学院学习小提琴等，1916年转到波士顿新英格兰音乐学院学习钢琴、小提琴、舞蹈等。丈夫是董任坚，四个孩子（两男两女）皆是音乐家。1922—1923年再度到新英格兰音乐学院学习。1923年2月回国后，历任东南大学、上海光华大学、暨南大学钢琴教授。1927年11月27日上海国立音乐院成立，她是被聘任的四位钢琴教师之一。1929年因卷入学潮被校方解聘。随后在上海自行开设音乐馆教导青少年学习音乐。1934年5月，被聘为教育部音乐教育委员会委员。她从20世纪20年代末至20世纪30年代中期创作了很多儿童歌曲，在当时的儿童教育界享有很高的声誉。暨南大学创办时的校歌，就是由校长郑洪年作词、由她谱曲的。她编写的教材有《小学音乐教材》《幼稚园唱歌集》《旧诗新曲》等。她的弟子中有名的有包可珍、吴乐懿、周大风、李素心、赵如兰等。1947年移居美国，去世后葬于宾夕法尼亚州蒙特哥马利县罗萨林镇的山边墓地。

② 杨毓英（1894—？），江苏（一说浙江）人。曾就读于苏州景海女塾。1914年进入美国麻省卫斯理镇的预科学校达娜豪尔学院读预科，1915年与陈衡哲一起进入私立女校瓦萨学院学习钢琴等，在学习的最后一年，还加入了学院的作曲家俱乐部，1919年毕业。出嫁后以卢杨毓英这个名字在中学教授英文与音乐。

女塾音乐教员。1925—1927 年，周淑安回到故乡厦门，任厦门大学音乐研究员兼合唱指挥，成为厦门大学历史上最早的音乐教师。1925 年，胡宣明赴美再度留学。1927 年秋，周淑安带着 4 岁的儿子，到美国与丈夫团聚，并在巴尔的摩匹巴底音乐学院师从意大利著名声乐教育家米涅蒂进修声乐。1928 年，胡宣明决定回国服务。回到上海后，胡宣明在上海医学院任教授，周淑安在家中教授音乐，并兼任中西女塾合唱指挥。

1927 年，萧友梅在蔡元培等人的支持下，于上海创办了中国第一所音乐院——国立音乐院（后改名为国立音乐专科学校）。1928 年，萧友梅聘请周淑安任声乐组主任。

"九一八"事变后，周淑安用音乐创作和演出来表达自己的爱国之情。她自创歌曲并自己指挥来鼓舞同胞起来共同抗敌。1930—1931 年，国立音专乐艺社编辑出版的《乐艺》杂志几乎每期都有她写的歌曲和文章。这时她创作了歌曲《抗日歌》《同胞们》《不买日货》与合唱曲《呜、呜、呜！》等。1931 年 10 月，她指挥学校合唱队上街演唱了黄自的《抗敌歌》《旗正飘飘》，开展抗日募捐活动。此外，周淑安还创作了歌曲《安眠歌》、《关不住了》、《日落西山》（胡宣明词）、《雨》、《小诗》、《箫》、《佛曲》（合唱曲）等。1932 年，中华慈幼协会以五线谱印行了她的《儿童歌曲集》，收入了配钢琴伴奏的歌曲 54 首，其歌曲的伴奏部分音乐背景刻画得非常形象，与歌词融为一体，描述性很强。代表性的如《卫生歌》（陈鹤琴词）、《卫生习惯》、《我愿做个好小孩》、《惜时歌》、《运动歌》、《早晨歌》、《小老鼠》、《天地宽》、《升旗歌》、《国旗歌》、《不做工不配吃饭》、《蚂蚁爱工作》、《野外》、《笑》、《月亮白光光》、《夜晚到了》等。这时期受古乐影响，她创作了《纺纱歌》（【明】裴彼词）、《坚劲歌》、《惊梦》等歌曲，生动形象的钢琴伴奏与中国传统唱腔格调体现了她强烈的正义感和爱国情怀。列为国立音乐专科学校丛书的《抒情歌曲集》《恋歌集》各收有 6 首配钢琴伴奏谱的艺术歌曲，均由商务印书馆于 1935 年在上海出版。《抒情歌曲集》中的《乐观》（胡适词）、《哀辞》

（韦叶芜词）、《假朋友，假师生》（陶行知词）、《静里乾坤》（古词）、《心安身自安》（邵雍词）、《老鸦》（胡适词）描写了社会百态，抒发了作者多方面的情感和心理状态。《恋歌集》中的《关不住了》（胡适词）、《爱高一度》（刘大白词）、《小诗》（胡永思词）等以富有构思的钢琴伴奏体现了女性冲破束缚、追求自由的精神。她还写了《声乐问题随感录》《儿童与音乐》《中小学校唱歌教员之责任》等文章。

周淑安在抗战前还选编了《英文复音合唱歌选》、《舒柏脱模范歌曲集》（四册），均由商务印书馆出版发行。其他作品则毁于战火中。《我的声乐教学经验》刊于 1963 年出版的《音乐论丛》第四辑，表现了她的治学理念和优良品格。此后一直到 1965 年，她还创作、翻译了许多音乐作品，均已失传。

1948 年春，胡伯亮赴加拿大多伦多皇家音乐院学习。胡宣明回到上海。周淑安在上海允中女子学校教音乐，并在家中教授声乐与钢琴。夫妻两人相依为命，过着清寒的日子。

1956 年，沈阳音乐学院聘请在加拿大留学的胡伯亮为钢琴系教授。后来，周淑安亦于 1959 年到该院任教授。1965 年，胡宣明因脑出血病逝。

1974 年 1 月 5 日，周淑安与世长辞。1 月 9 日，亲友们在上海龙华火葬场为周淑安举行了隆重的葬礼。1979 年 12 月 8 日，辽宁省文化局、音协辽宁省分会、沈阳音乐学院在沈阳回龙岗革命公墓礼堂为周淑安举行了隆重的追悼大会，并对她的一生作出实事求是的评价。她的骨灰被安放在上海龙华烈士公墓。

张玉珍[①]（1905—? ），音乐教育家，祖籍浙江鄞县（今宁波市鄞州区），生于上海，父亲张蟾芬是商务印书馆创办人之一。张玉珍曾就读于上海清心女中（今上海市第八中学），大约在这时期开始学习钢琴并登台演奏（1920 年之前），之后入金陵女子学院。1925 年 8 月 17 日，她

---

① 冯长春，张翼鹏 . 音乐教育家张玉珍考略 [J]. 中国音乐，2024（2）：25-37，209.

离沪赴美，在俄亥俄州欧柏林音乐学院就读（与黄自是同学），1927年获得学士学位。1930年2月，张玉珍在美国纽约哥伦比亚大学获得音乐教育硕士学位。学成回国后，她即就任私立上海美术专门学校音乐系主任与钢琴教授（与应尚能共事），钱仁康是她的学生。约1932年，她离开私立上海美术专门学校，与潘光旦的弟弟——美国纽约州立大学商学博士潘光迥（1903—1997）结婚。稍后一段时间里，她多次为东北义勇军后援会、东北难民救济会捐款，后改名张郁真。

1933—1935年，她先后参与编写了《钢琴学》两集（张玉珍、项馥梅编）和《复兴初级中学教科书·音乐》（黄自、张玉珍、应尚能、韦瀚章编著）。在后者中，张玉珍主要负责乐理与和声理论的编写工作。

她的音乐创作不多，总共包括四首歌曲：李煜作词的《渔父》，刘雪庵作词的《良宵同乐歌》《惜春》《催眠歌》。这些歌曲虽篇幅短小，但颇为精致。它们基本都有引子和尾声，钢琴伴奏简单但颇费心思，词曲结合自然洒脱，充满情趣，适合少儿演唱。

（四）歌剧等舞台艺术作品

除了华丽丝与青主合作的歌剧《莺莺》之外，20世纪40年代后期，产生了一批女作曲家创作的歌剧，它们主要以小歌剧、秧歌剧为主，基本上是由于对敌斗争的需要在第三次国内革命战争时期发展起来的，成为思想宣传和鼓舞斗志的有力武器。主要有：李群1946年的秧歌剧《何大妈》《骂特务》，莎莱1946年的歌剧《自卫队杀贼》、1947年的歌剧《兵》和歌舞剧《拥军碗》、1948年的歌剧《米》和《翻身秧歌》、寄明1947年的小歌剧《歌唱刘胡兰》《干活好》《谁沾光》，江巍的三部秧歌剧——1947的《如此"正统军"》、1948年的《模范旗》、1949年的《老底》，等等。

莎莱（1923—2014），作曲家、歌唱家。原名李如琳，曾用名蔼宁、李璁。祖籍河北，1923年生于安徽蚌埠，小学时随家人迁居北京。1936年，她参加革命工作，参加过"一二·九"学生运动及中华民族解放先锋队。1938 年，她奔赴延安，4 月加入中国共产党，先后在陕北公学、中共中央党校任俱乐部副主任、主任。1939 年，她进入鲁迅艺术学院音乐系学习，师承冼星海、吕骥、贺绿汀等。

莎莱在延安创作的第一首歌，是在冼星海的指导下完成的合唱曲目《怒吼吧，鸭绿江》，这首歌很快就在"东北抗联"中传唱。1939 年4 月 13 日，在《黄河大合唱》首演时，莎莱担任《黄河怨》的女高音独唱，获得"战地百灵"的美誉。后她又曾担任《生产大合唱》里的重要角色——村姑。她 1942 年谱写的《纺棉花》（骆文词），被选入我国小学音乐教材，并被俄罗斯柴可夫斯基音乐学院选为声乐教材。毕业后，她留在鲁迅艺术学院工作。

1945 年 10 月，莎莱到达承德，担任胜利剧社音乐部主任。1946 年与程云合作了歌剧《自卫队杀贼》（骆文、程云、莎蕻、严正编剧）。1947 年，她在赤峰任冀察热辽鲁迅艺术文学院戏音系副主任。3 月，她与安波、程云合作完成歌剧的《兵》（安波、海默编剧）上演，其创作与演出获冀察热辽军区甲等功。12 月，她与安波、程云合作歌曲《人民之丧》（骆文词），与海默、劫夫合作歌曲《歌谣四首》。这一年她还完成了歌舞剧《拥军碗》（莎蕻编剧）。解放战争中，她饰演《白毛女》中的喜儿，角色深入人心。1948 年，她与程云合作了《胜利大合唱》（骆文、莎蕻词），同年她还创作了歌剧《米》（骆文、海默编剧）和《翻身秧歌》（骆文词）。1949 年，她随军南下来到武汉，从此在此生活和创作。6 月10 日她在汉口光明大剧院上演的歌剧《白毛女》中扮演喜儿。

莎莱曾任中南人民艺术剧院、武汉人民艺术剧院副院长，长期担任武汉市文联党组书记、主席和武汉市音乐家协会主席。她一直笔耕不辍，在不同时期创作了合唱曲《歌唱井冈山》（骆文词），独唱曲《看大桥》（董振宇词）、《抗议北约炸我驻南使馆》、《白衣战士》、《海浪啊，请你停一停——写在邓小平同志骨灰撒入大海之际》（李树声词）、《学习孔繁森》、《抗癌战斗曲》、《连心桥——颂吴天祥同志》、《我们是新农民》、《中国梦》（莎莱词）等激荡着时代精神的数百首歌曲，长诗《献上心中的歌》，歌剧《开花结果》《刘介梅》《向秀丽》，儿童歌舞剧《打狼》，儿童话剧《三颗宝珠》，器乐曲《武汉江滩圆舞曲》等作品。她主创的大型歌舞诗乐《九歌·屈原》音乐（1994年改排为《楚韵》），于20世纪80年代获文化部（现文化和旅游部）"文华奖"、湖北省"屈原文艺创作奖"等。

2014年2月18日7时35分，莎莱在武汉逝世，享年91岁。

寄明（1917—1997），作曲家、钢琴家、琵琶演奏家，1917年6月29日生于江苏苏州，当过送报夫和做过小贩的父亲给她起名叫吴亚贞。她有一个哥哥、三个姐姐和一个妹妹。按照家族习惯，她属于"子"字辈，因此离校后曾改名叫吴子平。她从小热爱音乐，8岁时就弹得一手好琵琶。1933年7月从江苏省立女子中学毕业后即报考上海国立音乐专科学校，以琵琶演奏的优秀表现被国乐组录取，师从朱英，主修琵琶，副科钢琴。1935年转为钢琴主科，师从俄籍钢琴教授拉查雷夫（Lazareff），1937年夏以优异成绩毕业于该校钢琴系。

抗日战争全面爆发后，寄明利用担任国民党教育部音乐教育委员会干事的身份，到各地组织大众的抗日救亡歌咏活动。1937—1939年，她的足迹遍布了四川、贵州的二十几个县市。她在走向社会底层，与劳苦大众打成一片的过程中，看到了国民党与人民的对立、机构的腐败，尤其是对日抗战的不彻底性。1939年8月从重庆经长途跋涉，抵达延安，参加革命。不久，改名为"寄明"，寓意"寄希望于明天"。1939年9月，她进入延安中国女子大学学习，是当时延安第一位女钢琴家。1941年，她进入鲁迅艺术文学院音乐系任教，并从事音乐研究。毛泽东、朱德等国家领导人以及当时在延安的许多抗日将士都听过她的演奏。她独奏的许多抗日歌曲、伴奏的《黄河大合唱》的旋律，以及其他许多中外乐曲曾响彻宝塔山，鼓舞着战士们奔赴抗日战场。1942年1月，她经同是作曲家的丈夫瞿维介绍加入中国共产党。

1945年后，寄明任华北联合大学文艺学院音乐系、鲁迅文艺学院教员。1947年任牡丹江鲁迅文工团演出科长、副团长，先后创作了《歌唱刘胡兰》、《干活好》（与张棣昌合作）、《谁沾光》等一批小歌剧和《庄稼人小唱》等歌曲，以及钢琴曲《舞曲》（2首）和民族器乐合奏曲《陕北组曲》等器乐作品。1948年，她任东北音乐工作团研究员和儿童音乐班主任。中华人民共和国成立后，她历任鲁迅文艺学院音乐系主任、教授，东北音乐专科学校副校长等职。1953年她在文化部（现文化和旅游部）电影局音乐处任职，其间，创作了电影《陈秀华》音乐。1955年，她调任上海电影制片厂作曲，之后一直从事电影音乐的创作。她先后为《野外的遭遇》（与黄准合作）、《春天来了》、《平凡的事业》、《李时珍》《谁是被抛弃的人》、《凤凰之歌》、《雾海夜航》（与黄准合作）、《鲁班的故事》、《长虹号起义》、《春满人间》、《英雄小八路》、《风流人物数今朝》（纪录片）、《金沙江畔》、《血碑》、《上海知识青年在新疆》（纪录片）、《燕归来》（与瞿维合作）、《上海啊上海》（与杨绍桐合作）等近30部电影作曲。她所创作的《英雄小八路》的主题歌《我们是共产主义接班人》（周郁辉词）[①]和插曲《给解放军叔叔洗衣裳》以及《我们是新世纪的主人》（张秋生词）、《前进，快乐的少先队员》、《少年，少年，祖国的春天》（李幼容词）[②]、《好阿姨》（于之词）、《台钟的声音多么奇妙》（陈克词）、《新中国少年进行曲》（扬因词）、《浪花亲我的小脚丫》（陈宏明、王林然词）等少儿歌曲，几十年来一直为千百万少年儿童所传唱。她的其他歌曲代表作还有《凤凰之歌》插曲《山中的凤凰为何不飞翔》以及《我爱我们的班级》《花要飘香人要美》等少儿歌曲。

寄明还编有《东北蹦蹦音乐》一书，介绍二人转的起源和曲词演变

---

① 歌曲作于1961年，获1954—1979年第二次全国少年儿童文艺创作评奖一等奖，并由团中央定为中国少年先锋队队歌。1980年获少年儿童音乐作品一等奖。2019年6月，作品入选中宣部"庆祝中华人民共和国成立70周年优秀歌曲100首"。

② 歌曲曾获"1976—1981年全国少儿歌曲优秀奖"。1986年被评选为"全国红领巾喜爱的歌"。1991年被评选为"第一届当代少年儿童喜爱的歌"。

过程，由东北人民出版社于 1948 年 10 月出版，生活·读书·新知三联书店（哈尔滨）1950 年 1 月再版。

1997 年 1 月 13 日，寄明在上海逝世，享年 80 岁。

江巍（1930—2016），作曲家，1946 年参加东北文艺工作团，在齐齐哈尔、大连教唱革命歌曲，1947 年 7 月与田风为四场秧歌剧《如此"正统军"》（颜一烟执笔）作曲，1948 年为秧歌剧《模范旗》（鲁琪等作）作曲，1949 年 8 月为四场秧歌剧《老底》（鲁琪编剧）作曲，此外，她还创作有《将革命进行到底》（鲁琪词）等革命歌曲。她与电影表演艺术家张守维结为伉俪，育有两女。

中华人民共和国成立后，江巍在长春电影制片厂任创作员，江巍作品有电影音乐《宝山之歌》《换了人间》《女理发师》《满意不满意》《路考》《特快列车》等。自作词的《女理发师》的插曲《头发长了，你就来吧》较有影响。

李群（1925—2003），作曲家、音乐教育家、音乐编辑出版家，祖籍河北磁县，生于天津市，曾就读于北京师范大学附属小学，母亲是幼教专家。1938 年春，李群随母亲赴延安，入延安陕北公学学习。她在著名作曲家冼星海的鼓励下考入鲁迅艺术学院音乐系，师从冼星海、吕骥等，1941 年底毕业，随后去当地工厂实习。1942 年 6 月，李群与作曲家李焕之在延安结婚，同年任教于鲁迅文学院。1943 年，在新秧歌运动中，她积极参加了一系列深入群众的演出活动，先后在《生产大合唱》和歌剧《军民进行曲》等作品中担任演员，并做了大量有关民族民间音乐的搜集整理工作。

抗战胜利后，李群到华北文艺工作团，从事演唱、乐队伴奏、音乐创作工作，1945 年 12 月任教于华北联合大学文艺学院。此时，她创作了秧歌剧《何大妈》《骂特务》，混声合唱《大生产》（费克词），叙事歌曲《有一个人》（贺敬之词）、《张大嫂写信》（贺敬之词），儿童歌曲《别看我们年纪小》（希扬词），群众歌曲《七月里，七月一》，等等。中华人民共和国成立前夕，李群参加了《人民胜利万岁大歌舞》的创作工作。

1949年11月，李群任中央音乐学院音乐工作团创作员；1952年12月，随中央音乐学院音乐工作团并入中央歌舞团任创作员；1954年进中央音乐学院干部进修班学习，师从江定仙、许勇三等；1957年结业后，回中央歌舞团工作；1960年2月，任中央民族乐团创作组副组长及民歌合唱队队长；1974年任人民音乐出版社编辑室主任；1978年后任该社副总编，并任《儿童音乐》主编；1994年，担任中国儿童音乐学会的首任名誉会长。2003年12月11日，李群在北京逝世，享年78岁。

李群的各种声乐作品有300余首，题材广泛、内容丰富、形式多样、色彩缤纷，深受少年儿童喜爱。主要作品有《快乐的节日》（管桦词）、《我们要做雷锋式的好少年》（扬因词）、《快去种蓖麻，快去种葵花》（金波词）、《为祖国而锻炼》（易萱词）、《在红军爷爷身边》（管桦词）、《快乐的小队》（金波词）、《神奇的字》（柯岩词）、《明天再说》《我的梅花小鹿》（晓光词）、《咱们从小讲礼貌》（刘风词）、《摇篮》（金波词）、《老师的眼睛会说话》（罗晓航词）、《新年，你好！》（张振芝词）、《海螺》《我、风儿、白帆》（邢籁词）、《快驾起飞舟》（邢籁词）等。她的其他代表作品还有合唱《在祖国和平的土地上》（光未然词，与张文纲合作）、《林中的鸟声》（金波词），花腔女高音《喜鹊飞来叫喳喳》（叶洛词），艺术歌曲《草地上有一条小路》（管桦词）、《西泠怀秋瑾》（郑玲词），歌曲《和平的旗帜》、《弹药车》、《歌唱毛泽东》、《学大寨，赶大寨》（振佳词）、《祖国之恋》（卢云生词），幼儿歌曲《摆积木》和《缝新衣》，幼儿小歌舞《小花鸟学本领》、表演唱《狐狸和小鸟》，农村儿童歌曲《牧童山歌》（安徽民歌歌词）、《编粪筐》（勾景春）、《割猪草》（牛征音词），民歌改编的无伴奏合唱《茉莉花》（河北沧州）、《放风筝》（河北昌黎）、《对花谜》、《快活的放牛郎》（与李焕之合作），大合唱《中华，中华》（瞿琮词）、《石油之歌》（李季词）、《新青年》（与李元庆等合作），清唱剧《英雄库里申科》（管桦词），民乐合奏《浪淘沙》（根据潮州音乐改编），等等。出版有《李群儿童歌曲选》（新蕾出版社）、《我的梅花小鹿——李群少儿歌曲选》（人民音乐出版社）、《小鸟在前面带路》（人民教育出版社）三部歌曲集和中国唱片总公司的《快乐的节日——李群儿童歌曲专辑》磁带。

第二节　器乐作品

民国时期女性参与器乐创作的人数还很少，最有代表性的要数萧淑娴，此外，寄明进行了一定的实践，赖孙德芳此时也崭露头角。

萧淑娴（1905—1991），作曲家、音乐理论家，祖籍广东省香山县（今中山市），生于天津市。其祖父萧煜增，字焱翘，是晚清秀才，能文能诗。其父亲萧杞丹，字伯林，毕业于香港皇仁书院及北洋医科学堂，曾在天津市任平民医院院长，后任直隶天津铁路局副局长。家族中有不少名人，几位姑姑、妹妹当中有好几位都是画家或音乐家，如画家萧淑芳（大画家吴作人的妻子）。而我国近代专业音乐教育的主要奠基人——她的叔叔萧友梅更是直接引领她走上了音乐道路。在萧友梅的影响下，年仅15岁的萧淑娴便离开双亲到北平读书，学习钢琴和琵琶，1924年考入国立北京女子高等师范学校音乐体育专修科；1928年毕业后在上海国立音乐学院教授钢琴；1930年赴比利时布鲁塞尔音乐学院进修，先学钢琴，后改学理论作曲；1935年毕业，曾先后在和声、赋格及对位法等领域3次获奖。在比利时留学期间，她曾向德国著名指挥家赫尔曼·舍尔兴（Hermann Scherchen，1891—1966）学习指挥，并于1936年与他结为伉俪，婚后因舍尔兴反抗希特勒法西斯，举家流亡瑞士。按照当时的瑞士法律，她不能谋得正式职业，但她通过演讲、写作和出版等工作，14年中，为传播、推广中国的文化艺术默默地作出了自己的贡献。

1937年，日本侵华战争全面爆发，中华民族陷入水深火热之中，萧友梅也于1940年12月31日因贫病交迫死于上海。萧淑娴得知这一噩耗，痛感国忧与家患，有家归不得，于是写下了一部九乐章的管弦乐曲《怀念祖国》，以寄托她无限的乡愁与爱国情怀。

《怀念祖国》是以我国传统民族音乐元素写成的。她用凤阳花鼓调写成"引子"和"尾声"，将"梅花三弄"发展成更加丰富的"五弄"，借李白的《静夜思》表达她对祖国和亲人的思念，用《紫竹调》编出《摇篮曲》，还用岳飞的词《满江红》写成壮丽的《中华永久》，表达了对祖国的热爱和中华必胜的坚定信念。这部组曲于 1941 年在舍尔兴亲自指挥下在瑞士首演，1943 年录制成唱片，直至 20 世纪 70 年代还在瑞士广播电台播放，是最早在欧洲具有影响力的一部中国管弦乐作品。

1941 年，她还写下一首悼念萧友梅先生的管乐四重奏（短笛、单簧管、英国管、大管）《怀念》。这些作品直到 1989 年 2 月才在国内首演。这是她回到国内的首场音乐会，由中央音乐学院为她举办，几乎所有参与者都是自愿义务奉献。

此外，1939 年，萧淑芳在英国出版了一本儿童画册《中国儿童游戏》，并为其创作了《踢毽子》《斗蟋蟀》等带有钢琴伴奏的儿歌。

中华人民共和国成立后，萧淑娴不顾海外的谣言，毅然携子女于 1950 年回国，在中央音乐学院任教，40 年如一日。她循循善诱地教导学生"只有扎根民族，才能走向世界"[①]。在生活上，她安于清贫，表现出一位中国知识分子的高尚品格和情操。

1991 年 11 月 26 日 19 时 05 分，萧淑娴于北京逝世。1992 年，在她的堂兄、萧友梅之子——旅居意大利的美术家萧勤的资助下，她的作品集才得以出版。这部《萧淑娴复调作品集》是我国复调音乐方面的典范之作，其中包括钢琴独奏《序曲》《逛灯》《山歌》《送郎》《小创意曲》《二

---

① 萧淑娴. 只有扎根民族，才能走向世界：寄希望于青年作曲家 [J]. 中央音乐学院学
　报，1990（2）：18-20.

声部赋格》，弦乐三重奏《赋格》，弦乐四重奏《信天游》，管乐四重奏《怀念》，童声二部卡农《溜冰》等 10 首佳作。

目前已知民国时期女作曲家的器乐创作除了萧淑娴的 6 首钢琴独奏曲、2 首弦乐重奏曲、1 首管乐重奏曲外，还有寄明的 2 首钢琴独奏曲——《舞曲》（2 首）。管弦乐作品除萧淑娴的 1 部组曲外，还有寄明的 1 首器乐合奏曲——《陕北组曲》，赖孙德芳的 1 首军乐合奏曲——《结婚进行曲》，等等。

第二章 1949—1976 年的中国女作曲家音乐创作

1949年10月1日，中华人民共和国成立；同年12月7日，国民党政府迁往台湾地区。两岸的音乐创作在不同的道路上向前发展着。相比之下，这一时期大陆的女作曲家音乐创作更加活跃，台湾地区在这方面则相对比较沉寂。

第一节　声乐作品

一、歌曲

（一）群众歌曲和儿童歌曲

随着人民群众建设社会主义的热情，产生了不少女性创作的群众歌曲和儿童歌曲。群众歌曲中，张卓娅的《加快步伐朝前走》等歌曲表现了昂扬的斗志；儿童歌曲中，李群的《快乐的节日》《我们要做雷锋式的好少年》，瞿希贤的《听妈妈讲那过去的事情》，汪玲的《打电话》，金月苓的《我爱北京天安门》等也都是影响力较大的作品。

汪玲（1932—），作曲家，祖籍安徽省安庆市，生于黑龙江省哈尔滨市，早年就读于教会女子中学，经常参加唱诗班活动。汪玲1949年考入上海音乐学院音乐教育专修班学习声乐、作曲；1951年考入作曲系，师从丁善德、钱仁康、邓尔敬、桑桐等先生；1958年毕业，后任上海音乐出版社副编审、《儿童歌声》主编、中国儿童音乐学会理事。

汪玲在儿童音乐创作方面有超300首作品，代表作有《打电话》《李小多分果果》《两只小象》《摘星星》等，出版有《汪玲创作中国儿童歌曲选》。

金月苓（1951—），作曲家，祖籍浙江省镇海市，生于上海市。1970年9月，时任上海第六玻璃厂女工的她，在1970年9月上海出版的第二期《红小兵》上读到弟弟金果临创作于1969年11月29日的歌词（当时词作者还是小学五年级学生），当即谱写了脍炙人口的儿童歌曲《我爱北京天安门》。1971年10月1日，中央人民广播电台播出了《我爱北京天安门》，从此这首歌风靡大江南北。1977年年底，金月苓考入中央音乐学院作曲系。1980年，《我爱北京天安门》获得第二次全国少年儿童文艺创作评奖二等奖。1983年毕业后，金月苓进入中国唱片上海公司任音乐主任编辑。她创作的歌曲有800多首，已经出版或录制的作品达400多首。

她的作品还有《针线包是传家宝》（张云峰词）、《爱满天下》（倪永东词）、《白鹭又飞回来了》（志同词）、《姑苏姑娘》（朱积聚词）、《含羞草之恋》（朱积聚词）、《蝴蝶》（金波词）、《捐款救熊猫》（周佩蓉词）、《梦想让我飞翔》（范修奎词）、《水龙头》（卞国勇词）、《小蜗牛》（范修奎词）、《心爱的小书包》（朱积聚、潘桂兰词）等。

（二）艺术歌曲

在艺术歌曲方面，瞿希贤、李群、黄晓飞、刘庄、王强、罗忠爱、苗淑云、军驰、张筠青、崔渊淑、孙亦林、左如云等作曲家创作出了不少优秀的作品。除了不少的独唱歌曲（如瞿希贤的《全世界人民一条心》、古荣芳[①]的《摇篮曲》、张筠青的《啊，多快活》、孙亦林的《沁园春·长

[①] 古荣芳（1930—2016），钢琴教育家，湖北省潜江市人，江汉职业艺术学院高级讲师。她的女声独唱《摇篮曲》1957年6月发表于《音乐创作》，钢琴四手联弹《太阳出来喜洋洋》1985年收入高等师范院校音乐教材《钢琴基础教程》。

沙》，左如云的《赶车的人儿唱丰收》①）外，在合唱歌曲方面，女作曲家们发挥了自己的创造力。有代表性的作品如：瞿希贤的《红军根据地大合唱》《全世界无产者联合起来》，李群的《在祖国和平的土地上》《林中的鸟声》，黄晓飞的《祖国颂》，刘庄的无伴奏合唱《马头琴奏起来了》，少儿合唱《踏着烈士的脚印前进》，王强与人合作的《幸福河》，罗忠爱的《合唱组曲》，苗淑云的《战斗进行曲》《歌唱二小放牛郎》，军驰的混声合唱《灯塔颂》《团结起来全世界的人民》，张筠青的女声合唱《牦牛队的姑娘》、合唱套曲《大庆工人歌》。

瞿希贤（1919—2008），作曲家，祖籍江苏省苏州市，生于上海市，自幼爱好音乐，读中学时开始学钢琴。1935 年"一二·九"运动中，她积极投入抗日救亡运动；1937 年上海沦陷后，到湖南、江西一带参加抗日宣传工作；1940 年进入重庆国立音乐学院钢琴系学习，师从江定仙（作曲）和比利时钢琴家卡莱瓦夫人（钢琴）；1941 年回到上海，考入圣约翰大学英国文学系；1943 年进入上海国立音乐专科学校作曲系学习，1948 年毕业。其间，瞿希贤先后师从李惟宁、弗兰克尔（德籍犹太音乐家）、谭小麟等教授，学习钢琴、和声、对位等音乐课程，并创作了合唱曲《李幺妹的喜事》（时玳②词，已遗失）和女高音独唱曲《老母刺瞎亲子目》（时玳词）等反内战歌曲。1948 年 10 月，瞿希贤任北平艺专音乐理论系讲师。

中华人民共和国成立后，瞿希贤曾在中央音乐学院音工团和中央歌舞团、中央乐团创作组工作，1953 年当选为中国音协第一届常务理事。1979 年瞿希贤先后当选为中国音协第二、第三届理事，1985 年当选为中国音协第四届副主席，曾任中国电影音乐学会顾问、中国音协儿童音乐学会名誉会长。

---

① 创作于 1973 年，在内蒙古自治区获优秀作品奖。
② 即作家袁光楣（原名），笔名袁水拍、马凡陀等。

瞿希贤的作品题材广泛，风格多样，音乐语言清新生动，大气磅礴，刚柔兼备，具有鲜明的民族特色和艺术独创性。她的第一首歌曲《春耕歌》发表于 1938 年。此后几十年间她创作了大量为群众所喜爱的歌曲。瞿希贤所写的儿童歌曲旋律明快、形象生动，她对合唱艺术也进行了多方面的探索。1954 年，她根据内蒙古民歌改编的无伴奏合唱《牧歌》（海默填词），成为国内外音乐团体经常演唱的曲目之一。

几十年来，瞿希贤创作了数百首歌曲，出版的曲谱有《红军根据地大合唱》（音乐出版社）、《瞿希贤独唱歌曲集》（人民音乐出版社）、《瞿希贤歌曲集》（上海文艺出版社）、《把我的奶名叫》（人民音乐出版社）、《北大荒抒情四首声乐套曲》（人民音乐出版社）、《瞿希贤歌曲选》（上海音乐出版社）、《飞来的花瓣——瞿希贤合唱作品选》（中国音协杂志社）等。主要著作有《歌曲作法简明教程》，译作有里姆斯基·科萨科夫的《管弦乐法原理》。1981 年，她和中国其他女作曲家的作品在意大利举行的妇女音乐联欢节上展出。1990 年，她在京举行个人作品音乐会。2008年 3 月 19 日 11 时 4 分，瞿希贤因患肺癌在中日友好医院高干病房逝世，享年 89 岁。

瞿希贤的作品主要在声乐领域，包括合唱、独唱、群众歌曲及儿童歌曲等。主要作品如下：歌曲《全世界人民心一条》（招司词）获第三届世界青年联欢节歌曲比赛一等奖；《红军根据地大合唱》（金帆词）[①] 在全国第一届音乐周上获得好评；儿童歌曲《听妈妈讲那过去的事情》（管桦词）[②] 获全国第二次少年儿童文艺创作评奖音乐作品一等奖，2019 年 6月入选中宣部"庆祝中华人民共和国成立 70 周年优秀歌曲 100 首"；合

[①] 包括七个乐章：①混声合唱《革命的风暴》；②女声独唱、重唱及合唱《送郎当红军》；③童声齐唱及合唱《儿童团放哨歌》；④男低音独唱，齐唱及男声合唱《长征的队伍走了》；⑤男高音独唱及无伴奏合唱《怀念毛主席》；⑥混声合唱《红军回来了》；⑦混声合唱《亲爱的党，光荣的党》。

[②] 开始为独唱，后来改编为合唱。

唱曲《全世界无产者联合起来》（光未然词）获 1964 年全国群众歌曲一等奖；歌曲《新的长征，新的战斗》（乔羽词）于 1980 年被评为优秀群众歌曲。

影响广泛的合唱作品有《乌苏里船歌》（郭颂、胡小石词）、《布谷鸟唱了》（贺东久词）、《小白菜》（河北民歌改编）、《飞来的花瓣》（望安词）、《把我的奶名儿叫》、《我们和你们》（金波词）等，独唱歌曲有《拂晓的灯光》（张明权词）、《扬眉剑出鞘》（王立山词）、《致意南极》（晓光词）、《塔里木之恋》（刘一光词）等，群众歌曲有民国时期的《无家别》《战地月光曲》《仇恨》《怎么办》《农村小唱》以及新中国成立后的《我们要和时间赛跑》（袁水拍词）、《当代中国之歌》（李幼容词）等。其他还有电影音乐《为了和平》《青春之歌》《红旗谱》《元帅之死》《骆驼祥子》等，电视剧音乐《月牙儿》和木偶剧音乐《野天鹅》《长寿草》等，钢琴曲《听妈妈讲那过去的事情》，童声合唱《我们是春天的鲜花》（袁水拍词）、《快乐的晚会》（沙鸥词）、《早操歌》（管桦词）、《时光老人的礼物》（袁鹰词）、《孤独的小骆驼羔》（东蒙民歌改编）、《可爱的学校》（刘厚明词）、《田野上的晨雾悄悄散去》（益马词）、《我们与你们》（金波词）、《孤独的小羊羔》（邢籁词）、《找馍馍》（葛翠琳词）、《面包与盐》（刘半农词）、《长城放鸽》（王晓岭词）、《老鸟，小鸟》（王健词）、《游子吟》（孟郊词）等。

张筠青（1932—），作曲家、钢琴家、音乐教育家、音乐理论家，生于北京市，中国音乐学院教授、博导，曾任作曲系作品分析教研室主任。1949 年，张筠青考入北平艺术专科学校钢琴系；1950 年初随校并入中央音乐学院钢琴系，师从俄籍钢琴家谢洛夫（Serov），同时在作曲系学习全部课程；1952 年正式转入作曲系学习，师从江定仙、苏夏、黄飞立、王震亚等，1956 年毕业；1955—1958 年向苏联教授古洛夫、阿拉伯夫、康津斯基等学习了作曲、作品分析等课程；1956—1993 年先后在中央音乐学院、天津音乐学院、中国音乐学院作曲系任教，出版了《歌剧音乐分析》《京剧音乐分析》《中国京剧音乐与西方歌剧音乐的比较》等著作。张筠青是施光南的作曲启蒙老师，在多年的教学中她还培养了大批优秀学生，如高燕生、包金山（阿拉腾奥勒）、孙允文、孟卫东。

在音乐创作方面，其女声合唱《牦牛队的姑娘》获中央音乐学院首届创作比赛一等奖；声乐套曲《啊，多快活》获第六届莫斯科青年联欢节音乐创作比赛银质奖；清唱剧《海河之歌》（康少杰、董兼济、张连声等作词，张筠青、康少杰、曾慧灵、张国雄、杜钳、钱国桢等作曲）由人民音乐出版社出版；合唱套曲《大庆工人歌》部分出版；为美术动画片《美丽的小金鱼》《小鲤鱼跳龙门》作曲，两部电影均于1961年获世界美术电影比赛银质奖；《金茶花：壮族民歌二十一首》由人民音乐出版社出版并于1999年制成CD；艺术歌曲《夜思》获2000年全国艺术院校艺术歌曲比赛一等奖，与其他五首歌曲一起以《夜思：艺术歌曲六首》为名出版并制成CD；《中国风情钢琴曲八首》（《水牛》《打花巴掌》《无锡景》《玛依拉》《奋》《昔日》《断想》《剑之韵》）由中央音乐学院出版社2004年出版，是作曲家深思熟虑的动心之作；交响曲《东方红》、管弦乐《灯节》、电影音乐《花开花落》均获得好评。

崔渊淑（1934—），作曲家，朝鲜族，祖籍朝鲜咸兴市。1951年开始从事部队音乐工作；1958年毕业于河北艺术职业学院；曾任吉林省延边人民出版社《新歌曲》编辑、副编审和《延边音乐》主编。中国音协会员，延边音乐协会秘书长，中国朝鲜族儿童音乐学会副会长。1982年以来，先后与人合作编辑出版《延边朝鲜族歌曲选》《论郑律成》《中国朝鲜族歌曲选》。

崔渊淑创作了700多首（部）音乐作品。《青春圆舞曲》（崔贤词）、《他乡月夜》（安春万词）、《金达莱故乡》（里咏词）、《海兰江畔的笑声》、《誓把祖国边疆建设成乐园》、《天国》、《小河笑了》、《鸭绿江，友谊的江》、《爷爷讲的童话》、《啊，延边》、《千里豆满江》、《春风吹百花开》、《小朋友，别摘花》等歌曲和器乐作品《把青春献给祖国》等颇具特色。

崔渊淑著有《崔渊淑作曲集》，由延边人民出版社出版。2008年，崔渊淑获“中国改革开放文艺终身成就奖”。

（三）歌剧等舞台艺术作品

在歌剧等艺术形式创作方面，严金萱、俞频比较突出。李群的清唱剧《英雄库里申科》和张筠青与人合作的清唱剧《海河之歌》也是很优秀的作品。

严金萱（1924—2014），作曲家、音乐教育家，生于贵州省贵阳市。1937年，13岁的她参加革命工作和救亡歌咏活动。严金萱1938年加入中国共产党并担任贵州省工委交通员，1939年赴延安，先后在抗日军政大学、鲁迅艺术学院、华北联合大学学习，在冲锋剧社、中央管弦乐团等单位任作曲、独唱、歌剧演员、小提琴手和研究员等职；曾在大型歌剧《兰花花》中饰演兰花花，受到毛泽东等中央领导的接见和鼓励；1946年在延安与作曲家孟波结婚，1947年在山西临县生下儿子孟临；中华人民共和国成立后在北京人民文工团（中央实验歌剧院前身）工作；1952年于中央音乐学院作曲系进修班毕业后，先后担任天津曲艺工作团、广州华南歌舞团、文化部（现文化和旅游部）音乐舞蹈处、中国儿童艺术剧院、中国福利会儿童艺术剧院、上海越剧院和上海舞蹈学校的领导工作；曾任中国儿童音乐学会副会长、上海儿童音乐学会会长，离休后被聘为多家单位的顾问。她的著作《歌声里的故事》及以其改编的16集电视连续剧，被作为音乐和爱国主义教育的辅导教材。此外，她出版过个人创作集《彩色的梦——严金萱歌曲集》《献给孩子们的歌》等。2014年11月20日，严金萱在上海逝世。

她创作了《三位少女》《深情的爱》《金色的童年》《小英豪》《鲜花献给周总理》等500多首歌曲，电影音乐《马兰花》，芭蕾舞剧《白毛女》①（严金萱、陈本洪、张鸿翔曲）、《苗岭风雷》（严金萱、马有道、瞿维曲），儿童歌剧《双双和姥姥》（柯岩编剧），儿童歌舞剧《青草坡》，等等。

俞频（1928—2013），作曲家、二胡演奏家、歌唱家，笔名余频，生于江苏省南通市。俞频1944年初加入中国共产党，在敌占区做学生工作，年底撤离南通，到达新四军苏中抗日根据地，整风后期调前线剧团工作；1954年转业后考入上海音乐学院作曲系学习作曲；1958年毕业后二次入伍，历任原南京军区前线歌舞团作曲，编导室副主任、主任等职。她的丈夫张锐和女儿张卓娅都是作曲家兼二胡演奏家，女婿是作曲家王祖皆。夫妻二人出版了《张锐俞频音乐作品选》。2013年俞频在北京逝世。

她的主要作品有歌曲《捕渔歌》（周行词，张锐、俞频曲）、《小浪花》（向彤词）、《韶峰红日照万山》（向彤、屈家礼词）、《东周列国·战国篇》主题曲《诗经》（与人合作），大合唱《淮海战役组歌》序曲《争取更大胜利》（向憎词，俞频、何方曲），电影音乐《夺印》（王鸿、丁毅词，张锐、俞频曲），歌剧《海娘》（牟克、张哲编剧，张锐、俞频曲）、《碧海红旗》（刘荣桂、何僅、张存实与石汉、何僅先后编剧，张锐、俞频曲）、《大江东去》（石言执笔，张锐、俞频、龙飞曲），黄梅戏《江汉渔歌》（张锐、俞频曲），二胡曲《山林中》、《湘江潮》、《琴声寄乡音》（张锐、俞频曲）、《雨花拾谱》（张锐、俞频曲），等等。

---

① 插曲《大红枣儿甜又香》（杨永直、孟波词）家喻户晓。

第二节　器乐作品

一、室内乐

（一）独奏

独奏作品方面，女作曲家主要在钢琴领域（含伴奏写作①）收获较多，这些作品从女作曲家的工作分工上大致可分为三种类型。

第一种是专职的钢琴教育家或演奏家，出于教学方面弘扬原创性的需要而创作出来的作品，如周广仁的《小红军》，徐斐的《送我一支玫瑰花》，李菊红的若干首练习曲，程娜的《跑马溜溜的山上》，黄远渝、丁小立（男）、钟慧合作的《我爱祖国大油田》，钟慧的《山村新歌》，李其芳的《河南曲牌》，莫嘉琅的《怀念》《叙事曲》等作品都是因此而产生的。

第二种是比较侧重创作事业的钢琴教育家或演奏家创作出来的作品，如张筠青的《中国风情钢琴曲八首》等，倪洪进的《练习曲》（4 首）等，孙亦林的《中国民歌风钢琴曲集》（含 14 首曲）等。这些作曲家的作品数量相对较多。张筠青、孙亦林的创作也不限于钢琴作品。

第三种是精通钢琴演奏的专职作曲家创作的作品，如于苏贤的复调风格的作品，刘庄的《钢琴变奏曲》《运动会组曲》，辛沪光的《可爱的金丝鸟》（四手联弹），黄晓飞的组曲《我的小朋友》，沈利群的《蚌和渔夫》，军驰的《大八板》。

其他乐器的创作，如大提琴、小提琴、单簧管等作品也有佳作出现。

---

① 如孙亦林为他人创作编配的钢琴伴奏。

突出的有刘庄的《大提琴浪漫曲》，赵薇的小提琴独奏曲《送春肥》《翻身情》，丁芷诺①的《壮家少年》，辛沪光的单簧管独奏曲《蒙古情歌》，等等。

民族乐器的创作方面，1974年张燕②与丈夫刘起超合作的筝曲《东海渔歌》经久不衰，闵惠芬③创作于1976年的《洪湖人民的心愿》(《洪湖主题随想曲》) 也已成为二胡经典曲目。

周广仁（1928—2022），钢琴演奏家、音乐教育家、作曲家，浙江省宁波市人，因父母留学，生于德国汉诺威市。周广仁1933年6月随父母回到中国，定居上海；1938年开始学习钢琴，同年入读上海私立音乐专科学校，师从钱琪、丁善德、杨嘉仁、梅百器；1946年，考入上海国立音乐专科学校，师从李翠贞及几位国外钢琴家；1949年9月兼任中央音乐学院华东分院（上海音乐学院前身）钢琴教师；1951年赴柏林参加第三届世界青年联欢节，获钢琴比赛三等奖，为我国钢琴家首次获得国际奖项；1952—1955年，任中央歌舞团、中央乐团独奏员；1955年10月，在中央音乐学院进修，师从塔图良（Aram Tatulian），同时在中央音乐学院钢琴系兼职任教；1959年调任中央音乐学院钢琴系教研室副主任。1972年3月，周广仁任中央五七艺术学校钢琴组组长；1979年任中央音乐学院钢琴系副主任；1982年5月，在搬动钢琴时三根手指被砸伤，一

---

① 丁芷诺（1938—），小提琴家。江苏省昆山市人，生于上海市。作曲家丁善德次女。曾参与小提琴协奏曲《梁山伯与祝英台》(何占豪、陈钢曲) 和弦乐合奏《二泉映月》(何占豪曲) 等的创作。

② 张燕（1945—1996），古筝演奏家。江苏无锡人。11岁入上海音乐学院附中学钢琴，后改学古筝，也精通竖琴演奏。1968年毕业于上海音乐学院民族音乐系。1978年调东方歌舞团任独奏演员。其表现力丰富，技术全面，并能借鉴西洋乐器的演奏技法，丰富了古筝演奏技巧。曾把《浏阳河》《草原小姐妹》等改编成古筝曲。创作了筝独奏曲《东海渔歌》，并多次出国访问。后移居美国。逝世于美国旧金山。

③ 闵惠芬（1945—2014），二胡演奏家。江苏宜兴人。13岁入上海音乐学院附中专修二胡。作品还有《阳关三叠》(古曲改编)、《宝玉哭灵》(根据越剧音乐编曲)、二胡与乐队《音诗——心曲》(与瞿春泉合作) 等。

年后以惊人的毅力刻苦练习后重返舞台；1986—1992 年，任中央音乐学院钢琴系主任；2009 年，获得中国音乐金钟奖终身成就奖。2022 年 3 月 7 日 16 时 30 分，周广仁在北京家中逝世。她编著了钢琴教材《周广仁钢琴教学艺术》《钢琴演奏基础训练》《幼儿钢琴入门教程》和《钢琴手指基本练习》，还主编了《中国钢琴诗人顾圣婴》。

周广仁在繁忙的钢琴教学和演奏事务之余进行音乐创作，代表作有钢琴曲《小红军》《台湾同胞我的骨肉兄弟》《敬爱的总理，人民的好总理》《陕北民歌主题变奏曲》《五声练习曲四首》和四手联弹《国际歌》（比尔·狄盖特原曲，周广仁、李其芳改编）等。其演奏风格淳朴、清晰、明快、严谨，使人有耳目一新之感。

李菊红（1923—2017），钢琴教育家，生于山东省莱州市，1949 年毕业于燕京大学音乐系钢琴专业，留校任助教 3 年；1952 年调入中央音乐学院钢琴系任教；1957—1983 年主持我国高等音乐院校第一个钢琴共同课教研室的组建工作，并担任负责人；与他人共同主编《成年人应用钢琴教程》。

李菊红担任过钢琴系作曲课的教学，也作有一些钢琴练习曲，音乐形象生动。她对中国钢琴技术的民族化发展作出了贡献，逝世于深圳。

程娜（1925—1993），钢琴演奏家、钢琴教育家、作曲家，9 岁师从张品琤等学钢琴，13 岁在天津维斯礼堂登台演奏，早年在天津中西女中、辅仁大学西语系学习。程娜 1945 年就读于燕京大学音乐系，跟随苏路得（Ruth Stahl）女士学习钢琴；1949 年在毕业独奏音乐会上演奏了贝多芬《黎明奏鸣曲》、肖邦叙事曲、拉威尔《水的嬉戏》、舒曼《a 小调钢琴协奏曲》等曲目，后留校任教。中华人民共和国成立后先后任教于北京师范大学音乐系、北京艺术师范学院、北京艺术学院、中国音乐学院、中央音乐学院。20 世纪 50 年代前后她是活跃在北京舞台上的钢琴艺术家，曾在音乐会上为马思聪担任钢琴伴奏。她还编写了《欧美近现代钢琴小曲集》等。她的教学活动和音乐创作、编写活动等为培养我国钢琴人才和普及钢琴教育作出了一定的贡献，逝世于北京。

程娜的钢琴作品比较短小，但体现了较浓郁的民族风格，优美流畅，技巧针对性强，在钢琴教学中颇有影响。她的主要作品有《跑马溜溜的山上》《练习曲》、《小复调曲》、《茉莉花》（改编）、《依拉拉》等。

钟慧（1937—2023），钢琴演奏家、钢琴教育家、作曲家。钟慧早年就读于上海音乐学院少年班；1956年毕业于上海音乐学院附中；1961年毕业于上海音乐学院钢琴系，师从范继森、李翠贞；1962年起任教于中央音乐学院附中。她逝世于北京。

钟慧作有钢琴曲《山村新歌》和一些练习曲，另外也参与创作了儿童钢琴组曲《我爱祖国大油田》。

李其芳（1937—），钢琴演奏家、钢琴教育家。李其芳自幼学习钢琴，1949年起先后在行知艺术学校、上海音乐学院附中和上海音乐学院钢琴系学习，受教于范继森、吴乐懿；1956年经国家选送赴波兰华沙高等音乐学院深造，师从阿尔特伯格（E.Altberg）和杰维茨基（Z.Dzewiecki）；1962年起任中央乐团独奏演员，同年在第八届世界青年联欢节钢琴比赛中获奖；1964年在罗马尼亚埃涅斯库国际钢琴比赛中获奖；1972年开始在中央音乐学院任教。其演奏风格热情洋溢、亲切动人，擅长演奏肖邦等浪漫派作曲家的作品。

她创作的钢琴独奏曲《河南曲牌》地方特色浓郁，运用了很多民族风格技法，有着很强的艺术生命力。

莫嘉琅（1934—），钢琴演奏家、钢琴教育家、作曲家。莫嘉琅生于上海市，南京艺术学院钢琴教授，1950年考入上海音乐学院钢琴系，师从范继森；1956年毕业，自愿支边赴内蒙古工作，就职于内蒙古歌舞团、内蒙古艺术学院；1988年调入南京艺术学院，担任钢琴教研室主任。她追求自然、典雅、朴实无华、富有生命力的演奏风格。

莫嘉琅编有《内蒙古民歌主题钢琴教程》，其中收录她根据民歌或器乐曲改编创作的多首作品。尤其是改编自马头琴曲的《怀念》和改编自辛沪光马头琴协奏曲的《叙事曲》，体现了浓郁的蒙古族音乐特色。

黄远渝（1940—），钢琴演奏家、教育家，湖南省长沙市人。父亲是著名大提琴演奏家、教育家黄源澧。黄远渝 5 岁起随时任国立音乐院幼年班钢琴教员的母亲王辉庭学习钢琴；12 岁考入中央音乐学院少年班，先后随李萩孙、马思琚、洪士珪学习钢琴；附中毕业后升入钢琴系本科，师从周广仁，后进入中央乐团担任专职演奏员。

她的代表作有与他人合作的钢琴独奏组曲《我爱祖国大油田》（黄远渝、丁小立、钟慧曲），它包括 7 首分曲：《我骑油龙上北京》《井架上星星亮晶晶》《出油了》《送碗茶水到油场》《我跟阿姨采油忙》《钻机隆隆红旗飘》《油田的早晨》。其他还有《小鸭的舞》和一些练习曲等。

在钢琴创作方面，女作曲家的作品主要还有温欢纳[①]的《我爱祖国的台湾岛》，徐斐[②]的《送我一支玫瑰花》、《保卫黄河》（冼星海原曲），朱家红[③]的《河曲民歌五首》《姑嫂对花》《牛歌》，徐韵梅[④]的《在北京的金

[①] 温欢纳（1916—? ），音乐教育家。广东揭阳人，1940 年 1 月毕业于南京中央大学教育学院艺术科，曾在国立重庆师范学校任教。中华人民共和国成立后，担任南京师范学校教师。曾任南京市音乐舞蹈工作者协会副主席。逝世于南京。

[②] 徐斐（1922—），钢琴教育家。江苏常州人，生于上海。1941 年毕业于国立音乐专科学校，1947 年赴美，后毕业于波士顿音乐学院并留校任教。在美国她与后来的两弹一星元勋、科学家杨嘉墀结婚。1956 年回国，在北京师范大学任教。

[③] 朱家红，与丈夫朱予都是作曲家、音乐教育家。江苏扬州人。1958 年毕业于上海音乐学院作曲系。安徽师范大学副教授。器乐作品除钢琴独奏曲外，还与蒋小风、汤先亮合作有交响诗《皖南一页》。声乐作品有小合唱《上秤砣》等。

[④] 徐韵梅（1925—2020），钢琴演奏家、教育家。上海人。1950 年直升中央音乐学院钢琴系二年级学习，1953 年毕业后，任教于西安音乐学院，后任钢琴系教授。逝世于西安。

山上》《壮锦献给毛主席》，江静①的《扎红头绳》，王耀平②的《娃哈哈》，翟晓霞③的《阿佤人民唱新歌》，顾淡如④的《山歌》《舞曲》，韩剑明⑤的《我爱北京天安门》《运动员进行曲》，巫漪丽⑥的《大红枣》，陈白华⑦的《原野》，韩乐春⑧的《在湖边》《草地又绿了》《小猴走钢丝》《舞曲》，丁東诺⑨的《五十六朵花》，谭露茜⑩的《北风吹》，赵慧娟⑪的《民歌主题变奏曲》等。

在小提琴创作方面，有赵薇等人的作品流传。

---

① 江静（1926—1996），音乐教育家、理论家。上海人。1956年毕业于上海音乐学院作曲系并留校任教，1958年调往西安音乐学院任教，后任副教授、作曲系主任。1996年逝世于上海。

② 王耀平（1928—），音乐教育家。北京人。1950年毕业于北京师范大学音乐系。

③ 翟晓霞（1928—），音乐教育家。河北人。1956年毕业于上海音乐学院。

④ 顾淡如（1929—），与丈夫黎英海都是音乐教育家、作曲家。湖南长沙人。古琴川派名家顾梅羹之女。曾随父学习古琴演奏。儿子黎石为小提琴家。女儿黎耘为钢琴家。女婿为作曲家陈其钢。1959年毕业于中原大学文艺学院音乐系。曾任教于上海音乐学院、中央音乐学院。除钢琴作品外，还作有歌曲《我们攻关不怕难》（金裕众词）、《采桑子·别情》（吕本中词）、《清平乐·春归何处》（黄庭坚词）等。与黎英海合作有舞蹈音乐《咏梅》和《诗经》系列歌曲《庭燎》《谷风》《柏舟》《伐檀》等。

⑤ 韩剑明（1931—），音乐教育家。浙江人。1953年毕业于中央音乐学院钢琴系。中央音乐学院教授。

⑥ 巫漪丽（1930—2019），钢琴演奏家。广东龙川人，生于上海。1950年起担任中央乐团独奏演员。1959年创作了《梁祝》的钢琴伴奏版。1993年定居新加坡。逝世于新加坡。

⑦ 陈白华（1932—），音乐教育家。四川成都人。1956年上海音乐学院作曲系毕业。曾任教于内蒙古师范大学音乐系，后回到上海音乐学院任教授。

⑧ 韩乐春（1933—），音乐教育家。湖北武汉人。1955年毕业于中央音乐学院钢琴系。

⑨ 丁東诺（1936—），钢琴家。江苏昆山人，生于上海。作曲家丁善德长女。1958年毕业于上海音乐学院钢琴系。中央民族歌舞团独奏演员。

⑩ 谭露茜（1933—），钢琴家。山东潍坊人，生于青岛。小提琴家谭抒真长女。1953年毕业于上海音乐学院钢琴系，之后留校任教。

⑪ 赵慧娟（1938—），作曲家。浙江镇海人。1959年考入湖北艺术学院作曲系。

赵薇（1944—），小提琴家、音乐教育家、作曲家，中央音乐学院教授。赵薇 1955 年进入中央音乐学院少年班学习，1966 年大学毕业后留校任教小提琴；曾任中央音乐学院附中副校长、小提琴学科主任、硕导；著作有《小提琴曲十二首》《学琴之路：小提琴综合教程》和《儿童与小提琴》等。

她的小提琴作品强调表现民族色彩，意味深长。1996 年人民音乐出版社出版的她的创作专辑《小提琴作品 10 首》收录了以下曲目：《送春肥》《红军哥哥回来了》《翻身情》《竞赛歌（二重奏）》《瑶山篝火》《天山组曲》《无穷动》《飞云碧》《小协奏曲》《红星协奏曲》。

（二）重奏、合奏

黄晓飞的笛筝重奏《大红枣之歌》（取材自现代芭蕾舞剧《白毛女》音乐）、《打虎上山》（筝重奏，取材自现代京剧《智取威虎山》音乐）在当时环境下是有一定影响的作品。在国外有一位活跃的华裔作曲家，在当时的对外沟通条件下却不为人所知，她就是萧淑娴的女儿——萧桐。

萧桐，即托娜·舍尔兴（Tona Scherchen，1938—），作曲家，是最早将中国元素融入欧洲前卫艺术音乐的作曲家之一。她出生于瑞士纽沙特尔。父亲是指挥家赫尔曼·舍尔兴，母亲是作曲家萧淑娴。人生的前 12 年，她主要在瑞士度过。1950 年，她与母亲和姐姐来到中国。1956 年，她又回到欧洲陪伴父亲，继续接受音乐教育，从此再也没来中国。她的老师包括捷尔吉·利盖蒂（György Ligeti，1923—2006）和汉斯·维尔纳·亨策（Hans Werner Henze，1926—2012）。20 世纪 60 年代后，萧桐成为一名活跃的作曲家，她的音乐作品经常出现在当代音乐节目中。

萧桐的音乐比较前卫。她的许多作品都有中文标题，但中国艺术和思想的影响更多是概念上的，而不是字面上的。唯一的例外是 1973 年的室内乐《忆》（"Yi"）。这是一个由两名演奏者组成的马林巴组曲，她在组曲中回忆起了在中国时听到的民间曲调。这是一部献给母亲的感人的作品，由于政治局势原因，萧桐这时大概已 27 年没能见到母亲。

萧桐的作品大多创作于 1979 年以前的 10 余年时间内。其作品以室内乐最为重要。其作品主要有：声乐曲 "Tzi for 16 voices（SATB）a cappella" "diapason and gong grave" "Wai（外）for mezzo-soprano with percussion and string quartet" "Voyage de la larme-（de crocodile）for voice（solo or accompanied）"；钢琴曲 "Radar"；室内乐 "In for flute solo" "Sin for flute solo（oriental flute if possible）with percussion（1 player）" "Shen（神）" "ou, à propos des battements du cœur humain" "New Ballet for percussion" "Sund for oboe"，"trumpet" "trombone" "2 celli" "percussion" "Tzoue（醉）" "trio（clarinet, cello, harpsichord）" "Bien（Mutations）for 12 instrumentalists" "Lien（恋）for viola solo" "Tjao-Houen for chamber ensemble"，"Yi（忆）" "7 Brief Images for marimbaphone（2 players）" "Yun-yu（云雨）clouds and rain"；"Nuages et pluie）for violin or viola and vibraphone" "Hsun for percussion quintet Ziguidor for woodwind quintet" "Escargots volants（Flying Snails）for clarinet solo" "Once Upon a Time for harp"；协奏曲 "Tao for viola solo and orchestra" "Lo for trombone solo and 12 stringed instruments"；管弦乐 "Tzang for chamber orchestra" "Khouang" "Vague T'ao" "Plusieurs silences" "d'une grande vague déchainée" "S..." "Oeil de chat（1st Cycle）" "L'invitation au voyage for chamber orchestra" "L'illégitime for orchestra and tape"。

二、交响音乐创作

交响音乐（包括协奏曲）创作方面，较活跃的作曲家及其作品如下：刘庄的钢琴小协奏曲《献给青少年》、《小提琴协奏曲》、管弦乐组曲《一九四九》、根据越南杜润作曲的歌曲编配的管弦乐《行军歌》、与人合作的钢琴协奏曲《黄河》，辛沪光的交响诗《嘎达梅林》、管弦乐《草原组曲》、马头琴协奏曲《草原音诗》，洪月华① 的民族管弦乐《节庆》，张筠青的管弦乐《灯节》、交响曲《东方红》，王强的大提琴协奏曲《嘎达梅林》，黄晓飞的双千金板胡高音板胡协奏曲《白毛女叙事曲》、《红色娘子军组曲》（与王竹林合作）、《沙家浜选段》（琵琶与乐队，与曹文工合作），孙亦林的管弦乐《颂歌献给毛主席》（郑秋枫原曲）。赖孙德芳的一系列进行曲（军乐）在台湾地区有较大影响，另外，她也写有一些其他交响音乐作品。

刘庄（1932—2011），作曲家。生于上海市，8 岁起随父学习钢琴，中学时随麦克洛克学习钢琴。她毕业于杭州教会学校弘道女中，1950 年考入上海音乐学院作曲系，师从丁善德、桑桐、邓尔敬。毕业后，她作为研究生被派往中央音乐学院，在苏联专家古洛夫作曲班学习。1958 年9 月，她任上海音乐学院作曲系助教，两年后调中央音乐学院作曲系任教。1969 年，她与他人合作完成钢琴协奏曲《黄河》。1970 年，她调中央乐团从事专业作曲。1989—2003 年，她担任美国雪城大学艺术学院作曲教授，与丈夫、大学同窗李延生合作了很多声乐曲。2011 年 6 月 30 日18 时 55 分在北京空军总医院逝世，享年 78 岁。

她的作品数量较多，始终散发着创新、探索的艺术气息。

她创作的声乐作品有：无伴奏合唱《马头琴奏起来了》（与延生合作，大概写于 60 年代之前），少儿合唱《踏着烈士的脚印前进》，与延生合作的独唱曲《月之故乡》《鸟翅》《小鸟》《假如我是一只迎春鸟》《杜鹃花开》《风筝》《记忆》《淡水溪，浊水溪》《梦回神州》《我没有带回我的心》《小鸟，请唱支欢乐的歌》《母亲》《故乡的小山村》《我的根在这里》

---

① 洪月华（1937—），音乐教育家、作曲家。台湾省新北市淡水区人。1956 年毕业于中央音乐学院作曲系。与丈夫何振京同窗且同时毕业留校任教于中央音乐学院附中，教授视唱练耳、乐理等。《节庆》是她的毕业作品。她还作有歌曲《台湾儿女怀念毛主席》（郑洪溪词）等。

《月亮》，电影《苗苗》插曲——童声合唱《小鸟，小鸟》，混声四部合唱《振兴吧，中华！》（与延生合作），女高音独唱《无词歌》，无伴奏合唱《兰花花》《打麦号子》《阳关三叠》，二声部合唱《卖报歌》，无伴奏合唱《绣荷包》《沂蒙山小调》等。

她创作的器乐作品有：《大提琴浪漫曲》，钢琴独奏曲《钢琴变奏曲》《运动会组曲》，钢琴小协奏曲《献给青少年》《小提琴协奏曲》，管弦乐组曲《一九四九》，根据越南杜润作曲的歌曲编配的管弦乐《行军歌》，钢琴协奏曲《黄河》（与殷承宗、储望华、盛礼洪、石叔诚、许斐星合作），钢琴独奏曲《十面埋伏》（与殷承宗合作）、《战台风》（与刘诗昆、郭志鸿合作），木管五重奏《春江花月夜》，交响音画《梅花三弄》，小提琴独奏曲《台湾民歌主题五首》，长笛、竖琴、大提琴三重奏《民初情》（《春归去》《柳》《送别》《夜曲》《苗歌三首》《舞》《夜行》《独白》《幽思》《杏花天影》《采茶扑蝶》《酒狂》《三六》《姑苏行》），双筝协奏曲《广陵叙事》，室内乐合奏《塔什库尔干印象》，筝独奏《凤凰树下》，小号独奏《回旋曲》，《第一交响曲（望）》，钢琴独奏曲《三六》，电影配乐《狂》，室内乐六重奏《流》，室内乐（预置钢琴、长笛、大提琴）三重奏《风入松》等。

另外，还有电影音乐作品《鸽子》（木偶动画片）、《昆仑山上一棵草》、《小兵张嘎》、《苗苗》、《张灯结彩》、《边城》、《瓜棚女杰》、《月牙儿》和话剧配乐《巴黎人》等。

她还为一些歌曲配了伴奏，主要有《黄河怨》（冼星海曲）、《黄水谣》（冼星海曲）、《没有眼泪，没有悲伤》（张敬安、欧阳谦叔作曲）、《谁不说俺家乡好》（吕其明、肖培珩曲）、《和平之歌》（田光曲）、《妇女运输队》（易之的曲）、《站在高山望家乡》（杨戈、仲勋曲）、《没有共产党就没有新中国》（曹火星曲）、《热血》（冼星海曲）、《嘉陵江上》（贺绿汀曲）等。

辛沪光（1933—2011），作曲家、音乐教育家，祖籍江西省宜春市万载县，生于上海市。辛沪光于 1948 年考入南昌一中，开始接受正规音乐教育；1951 年考入中央音乐学院作曲系，师从江定仙、陈培勋等，在校期间，辛沪光受到同学美丽其格的影响，开始接触蒙古族音乐，并与单簧管专业的包玉山相爱。1956 年，年仅 22 岁的辛沪光在中央音乐学院的毕业作品——气势磅礴的交响诗《嘎达梅林》引起了轰动，使其一举成名。毕业后，辛沪光与包玉山前往内蒙古歌舞团工作，后调任内蒙古艺术学院作曲专业教师，培养出阿拉腾奥勒等杰出的蒙古族音乐家。1982 年调回北京歌舞团。1991 年前后，辛沪光移居美国。她与丈夫包玉山育有三子，第三子三宝（1968—）为著名音乐人。2011 年 10 月 17 日，辛沪光在美国纽约逝世，享年 78 岁。

她的作品大多富于蒙古族音乐的民族特色，具有草原的气息和牧民的豪迈。在 50 年创作生涯中，她完成了近千部（首）作品。2004 年中国当代作曲家经典作品专辑系列唱片中的《辛沪光作品专辑》CD 出版。2012 年 10 月 12 日晚，在中央音乐学院音乐厅举办了《南方鸿雁——辛沪光合唱作品音乐会》，北京牧人合唱团、北京草原恋合唱团、北京民族合唱团、北京恒晖音海合唱团和北京青年合唱团演唱了辛沪光改编的 14 首合唱作品。

她的作品有：少儿歌曲《妈妈的心》（廖怡芳词）、《校园的春天》（秦岭词），艺术歌曲《思念的弦》（韩小平词）、《风从北京来》、《草原赞歌》，花腔女高音独唱《美丽的马鞍鞯》，女中音独唱《飘飘的白云》，清唱剧《草原英雄小姐妹》；钢琴四手联弹《可爱的金丝鸟》，单簧管独奏《蒙古情歌》《欢乐的那达慕》（那达米德曲，辛沪光配伴奏），双簧管独奏《布里牙特故乡》《黄昏牧归》，弦乐四重奏《草原小牧民》《剪羊毛》；6 首器乐小品（《沸腾的草原》《驼铃叮当》《山泉似的红走马》《送亲》《西尼河畔》《幸福的牧场》），马头琴协奏曲《草原音诗》，管弦乐《草原组曲》，交响诗《嘎达梅林》；电影音乐《祖国啊，母亲》《五张照片》，电视剧音乐《生命的故事》，电视风光片音乐《沙漠散记》，舞剧音乐《蒙古源流》（四幕）、《生命欢歌》等。另外，她还将很多民歌或他人创作的歌曲改编为合唱，编配了不少钢琴伴奏。

王强（1935—），作曲家。王强生于山东省威海市乳山市午极镇樗树崖村，曾任上海音乐学院作曲系教授。王强1947年参加胶东军区文工队，1951年调志愿军铁道兵一〇一师文工队工作；1955年考入上海音乐学院作曲系学习；1958年与萧白、王久芳、张英民合作大合唱《幸福河》，并于1959年在维也纳世界青年节上获作曲比赛金奖；1960年以优异成绩毕业于上海音乐学院并留校任教，毕业作品为大提琴协奏曲《嘎达梅林》；1991年移居香港继续从事作曲工作。2002年7月，她创建华人女作曲家协会，担任主席职务直到2020年。

王强的创作涉猎广泛，手法大胆独特而新颖，有着丰富的情趣。其代表作有：声乐作品，如写给女高音、弦乐四重奏与吉他的《花儿》，钢琴伴奏《中国民歌合唱曲三首》，混声大合唱《幸福河》（萧白、王久芳、王强、张英民曲），交响合唱《蔡文姬的离、别、情》；室内乐，如钢琴曲《九节鞭》，长笛、中提琴与竖琴三重奏，大提琴八重奏12首，大提琴与低音提琴二重奏5首，筝四重奏12首，长笛、筝与二胡三重奏2首，《无题》（长笛、大提琴与打击乐器），二胡与弦乐四重奏《春夏秋冬》，《梦幻舞曲》（长笛、单簧管与打击乐器），《化缘》（竹笛、笙、古筝、琵琶、二胡、打击乐）；乐队作品，如大提琴协奏曲《嘎达梅林》，小提琴协奏曲《零号》，管弦乐《喇叭与鼓》、《希望》（音乐会序曲）、《爱》（幻想序曲）、《间奏曲——中国五声的妙趣》、《洛阳少妇》、《音乐随笔四首》、《动画》、《谐谑曲——"喋"与"叠"》、《帕萨卡里亚》2首、《新疆您好》等；电影音乐，如《等明天》《宝葫芦的秘密》《曙光》《雪花与栗子球》《蝈蝈声声》，电视剧音乐《卖大饼的姑娘》。上海音乐出版社2022年出版了《王强音乐作品集》。

黄晓飞（1936—），指挥家、作曲家，广西南宁人，中国音乐学院作曲系教授。黄晓飞于1952年考入中央音乐学院作曲系，就读时创作了合唱与钢琴《拖拉机》——获得中央音乐学院作曲比赛一等奖，这首乐曲和男声四声部无伴奏合唱《脚夫调》当时都发表在《音乐创作》上。她的毕业作品为管弦乐组曲《阿诗玛组曲》。她毕业后留校在民乐系任教，担任曲式与作品分析和民族作曲课教学工作。

1958—1961年，黄晓飞与其他音乐家合作完成了钢琴与民族管弦乐队的《青年钢琴协奏曲》（刘诗昆、孙亦林、潘一鸣、黄晓飞）。作品中，民族乐器表现手法运用丰富，并很好地结合了西洋配器手法。1962年下半年，她到湖北省歌舞团从事指挥工作。她的指挥风格富于激情而不失细腻，风格鲜明而富于韵味。她在武汉指挥的革命舞蹈史诗《东方红》给周恩来总理留下了很深的印象。此后先后任教于中央音乐学院、中国音乐学院，并曾担任中国电影乐团、东方歌舞团客席指挥，台北中国文化大学中国音乐学系客座教授，高雄市实验国乐团客席指挥，台南艺术学院中国音乐学系客座教授。

她的主要作品还有声乐作品合唱与交响乐队《祖国颂》；室内乐笛筝重奏《大红枣之歌》（取材自现代芭蕾舞剧《白毛女》音乐）、《打虎上山》（筝重奏，取材自现代京剧《智取威虎山》音乐），《车鼓回旋曲》（使用台湾车鼓、歌仔音乐素材和特性乐器壳仔弦、大广弦、台湾月琴），钢琴组曲《我的小朋友》（曾获中央音乐学院比赛一等奖），二胡与钢琴《怀念》（曾获中央音乐学院比赛二等奖），民乐重奏曲《声声慢》，箫与室内乐《草》；乐队作品笙与乐队《秋夜》《春望》，双千金板胡高音板胡协奏曲《白毛女叙事曲》，《红色娘子军组曲》（与王竹林合作），《沙家浜选段》（琵琶与乐队，与曹文工合作），马头琴协奏曲《草原风情》（与丁鲁峰合作）、《忆》（与丁鲁峰合作），民乐大合奏《变体新水令》《龙翔操》《泼水节组曲》《牧歌》《杏花天影》《瀛州古调》《嫦娥》，笛子协奏曲《追寻》《嘎达梅林随想曲》，琵琶协奏曲《月儿高幻想曲》《昭君别情》，二胡协奏曲《长恨》、《爱河之春》、《六月雪》（与安如砺合作，曾获中国音乐学院创作比赛一等奖），民族舞剧音乐《夜深沉》，古筝与交响乐队《敦煌唐人舞》，双筝与民族乐队《哀江头》，钢琴与民乐队《梅花新咏》（与张肖虎合作，曾获中国音乐学院创作比赛一等奖），三弦协奏曲《红梅》（与萧剑声合作，曾获中国音乐学院创作比赛二等奖），小合奏《心潮》（曾获中国上海海内外首届江南丝竹创作比赛二等奖），等等。

孙亦林（1935—2015），钢琴家，作曲家，上海市崇明区人。其父孙瑞芹为著名新闻工作者。孙亦林自幼学习钢琴、手风琴，在贝满女中读书时曾师从艾碧珈等。孙亦林1951年参加工作，被分配到中央警卫师文工队，这期间曾师从巫漪丽等；1956年考入中央音乐学院钢琴系；1958年转作曲系，师从吴祖强；1961年毕业入战友文工团；1963年调入中国广播文工团担任钢琴演奏及作曲。20世纪80年代退休后，她常驻澳大利亚，曾被聘为悉尼音乐学院钢琴系教师。她的作品入选"2008北京国际女音乐家大会"。2015年4月5日逝世。

1958年，孙亦林与其他音乐家一起合作了《青年钢琴协奏曲》，这部作品由孙亦林首创，潘一鸣、刘诗昆一起改进，配器的主要完成者是黄晓飞、孙亦林。这是中华人民共和国成立后的第一部大型钢琴和乐队作品。1963年，刘诗昆的演奏录音出版。

2005年，孙亦林出版了图书《中国民歌风钢琴曲集》，邀请了钢琴家王鼎藩、金苑与她一起录制随书CD，其中收录了她创作的《夏尔巴的春天》《苏武牧羊》《对花灯调》《信天游》《在银色的月光下》《刮地风》《采茶扑蝶》《牧歌》《陕北民歌主题变奏曲——献给青少年》和她改编的《梁山伯与祝英台》等10首独奏曲以及《紫竹调》《打黄羊调》《丢丢铜仔》《苗寨的节日》4首四手联弹曲。另外，她还编有一组《世界影视音乐精选》，由胡晓玉演奏发行。

她的器乐作品还有单簧管独奏《美丽的阿吾勒》，双簧管独奏《一个古老的哈萨克故事》《喜讯传到瑶山寨》，大管独奏《年轻的布里亚特》，小提琴（钢琴伴奏）曲《天山组曲》（赵薇、孙亦林曲，后来还改编成手风琴曲），管弦乐《哈萨克组曲》《颂歌献给毛主席》（郑秋枫原曲）

等。此外有电视剧音乐《阿凡提和孩子》《雨霁》，广播剧音乐《小熊拔牙》《皮鞋匠和他的孩子》等。

孙亦林在中学时期创作出歌曲《只要你号召》等作品。她的歌曲《沁园春·长沙》也有很高的艺术性。她还为《北京颂歌》《雄伟的天安门》《台湾同胞我的骨肉兄弟》编配了手风琴伴奏，为《英雄的五月》（贺绿汀曲）、《我爱我的车床》（金梁词曲）、《踏着"铁人"脚步走》（刘巩祥）、《卜算子·咏梅》（刘孝扬编合唱）等编配了钢琴伴奏。

赖孙德芳（1920—2009）作曲家、音乐教育家、社会活动家，江苏省苏州市吴江区人，生于北京市。其父孙介寿曾任陇海铁路局局长。赖孙德芳 6 岁入私立孔德小学进行声乐启蒙，参加学校合唱团，后就读北平师大附中；1941 年赴四川成都，考取全英文授课的金陵女子大学，主修英文；两年后转学音乐，先主修声乐，后转修作曲以及合唱指挥，大学毕业留校任助教；1945 年底在她自己所创作的《结婚进行曲》的乐声中，与空军上校赖名汤结婚（后育有 3 个子女）；1947 年随夫赴英国伦敦担任武官，同年秋，入伦敦圣三一学院（Trinity College）主修理论作曲，师从乔洛基（Geology），后获得硕士学位；1950 年任教于台湾省立师范学院（后为台湾师范大学）音乐系，后辞去教职，专事辅佐丈夫参与协助对外交流事务。2009 年 11 月 1 日，赖孙德芳逝世于美国旧金山。

赖孙德芳作有歌曲《洗衣女之歌》《忘不了你、忘不了我》《台湾的西瓜》《祝福》《如意歌》《宁静海》《画眉殷勤报佳音》《烦恼》《一双蝴蝶的故事》，合唱《祝福》《奇遇》《精神永在》；进行曲《国光之歌进行曲》《国军进行曲》《钢铁军进行曲》《蓝天进行曲》《海上进行曲》《国光》《胜利路》《春风吹遍世界上》《分列式进行曲》等，结集为《人生之路——九首国光进行曲》出版；钢琴曲集《五言诗》；室内乐《文雅的幻想》《与我共舞——舞之初》《光与热》《交响诗》；音乐剧《天籁之音》（包含《祝福》《奇遇》《文雅的幻想》《人生大道》四部清唱剧）等。

第三节　电影、舞蹈音乐作品

一、电影音乐创作

中华人民共和国成立后的 27 年，女作曲家们在电影音乐方面也比较活跃，她们有的来自院校，有的来自院团，也有的来自电影厂。这一时期具有代表性的作品如下。

黄准的《小猫钓鱼》《家》《女篮五号》《香飘万里》《红色娘子军》《舞台姐妹》等大约 20 部影片，瞿希贤的《为了和平》《青春之歌》《红旗谱》《雾海夜航》（与黄准合作）、《鲁班的故事》、《英雄小八路》、《金沙江畔》等大约 20 部影片，仝如玢的《罗小林的决心》《哥哥和妹妹》《列兵邓志高》《冰上姐妹》《女跳水队员》《艳阳天》等大约 20 部影片，江巍的《宝山之歌》《换了人间》《女理发师》《满意不满意》《路考》《特快列车》等，张筠青的《美丽的小金鱼》《小鲤鱼跳龙门》，蒋玉衡的《泥人张》等，罗忠爱的《国庆十周年》《万众一心支援农业》等，苗淑云的《一幅僮锦》等，严金萱的《马兰花》等，王强的《等明天》《宝葫芦的秘密》，沈利群的《三笑》《双女情歌》等，刘雁西的《战船台》《欢腾的小凉河》等，蔡璐的《主课》《树苗》《长在屋里的竹笋》等。

黄准（1926—），作曲家，原名黄雨香，曾用名黄善琰，生于浙江省台州市黄岩区。黄准 1938 年 9 月在鲁迅艺术学院戏剧系和音乐系学习，师从郑律成学声乐，师从冼星海学作曲；1946 年在大连文工团任独唱演员兼作曲；1947 年进入东北电影制片厂，为解放区的第一部故事片《留下他打老蒋》作曲；1948 年完成主题歌《军爱民、民拥军》；1949 年先后在北京电影制片厂、上海电影制片厂工作，几十年来，为《家》《女篮五号》《香飘万里》等 40 余部影片作曲。她创作的《红色娘子军》主题歌《娘子军连歌》产生了巨大反响。《舞台姐妹》主题歌《年年难唱年年唱》脍炙人口，《牧马人》主题歌《敕勒歌》苍凉雄劲。动画片《小猫钓鱼》主题歌《劳动最光荣》获全国儿童歌曲奖。电影《女篮五号》主题歌《青春闪光》（卢芒词）、《蚕花姑娘》主题歌《蚕花姑娘心向党》（秦蕾词）、《第五梯队》主题歌《小主人之歌》（任红举作词）也很有影响。电视剧《蹉跎岁月》主题歌《一支难忘的歌》获全国青年最喜爱的歌曲三等奖。她创作的其他歌曲有 200 余首，其中《在老师身边》获第二届全国儿童歌曲评选一等奖。其他电影音乐还有：《民主青年进行曲》《新儿女英雄传》《淮上人家》《秋翁遇仙记》《雾海夜航》《前方来信》《新安江上》《千女闹海》《苗家儿女》《兰兰和冬冬》《燎原》《阿夏河的秘密》《特殊任务》《北斗（上集）》《北斗（下集）》《雾都茫茫》《见面礼》《爱情啊，你姓什么》《奇异的婚配》《杜十娘》《楚天风云》《白龙马》《小金鱼》《大泽龙蛇》《最后的选择》《青春万岁》《滴水观音》《二十年后再相会》《绞索下的交易》《美食家》《桐花泪》等。其他作品还有民乐交响诗《红色娘子军》等。

她出版的著作或作品集有：《黄准歌曲选》《黄准论文集》《黄准自传》《黄准创作歌曲集》《黄准声乐作品精选》等。

蒋玉衡（1921—2004），作曲家，江苏省溧阳市人。1938 年 9 月，她与美术家古元同时从广州黄沙车站乘同一列火车去了延安，后又与古元分别成为鲁迅艺术学院音乐系和美术系的学生；1943 年春节，与李群、何路、于蓝、石风等其他七位女同志一起参加慰问三五九旅的女声表演唱《南泥湾劳军》（《挑花篮》），她在《老百姓说鲁艺艺术家扭的是新秧歌》[①]一文回忆了此事；1944 年 12 月 30 日与古元结婚（后育有 3 个子女），后奔赴鲁迅艺术学院任教员。中华人民共和国成立后，她在中央新闻纪

---

① 张军锋 . 延安文艺座谈会的台前幕后：上册口述实录 [M]. 西安：陕西师范大学出版总社有限公司，2014.

录电影制片厂担任作曲工作。1962 年，蒋玉衡的形象出现在古元的代表作《玉带桥》（套色木刻）中（撑红伞的女士）。2004 年 12 月 12 日，蒋玉衡逝世于北京。

蒋玉衡作有电影音乐《泥人张》《金色的胶东》等。

全如玢（1925—），作曲家，满族，北京市人。全如玢 1944 年毕业于贝满女中，1944 年考入辅仁大学心理系，1946 年转入燕京大学音乐系，主修理论作曲，1949 年毕业到电影局任作曲，之后又到中央新闻电影制片厂作曲组，1955 年调至长春电影制片厂作曲组。2005 年，在上海召开的中国电影百年大会上，全如玢获得电影音乐特殊贡献奖。

全如玢曾为纪录片、故事片、美术片、科教片、电视片等 40 余部影片作曲，主要有：《神鬼不灵》《罗小林的决心》《哥哥和妹妹》《皮包》《青春的脚步》《寂静的山林》《列兵邓志高》《帅旗飘飘》《白手起家》《服务员》《冰上姐妹》《朝霞》《炉火正红》《自有后来人》《女跳水队员》《雁鸿岭下》《艳阳天》《风云岛》《飞向未来》《赣水苍茫》《排球之花》等。

罗忠爱（1931—），作曲家、钢琴教育家，广东省东莞市人，生于香港。罗忠爱 1950 年回内地居住，1955 年毕业于中央音乐学院作曲系。她长期从事作曲、钢琴伴奏、音乐编辑、教学等工作。在潇湘电影制片厂退休后，她继续在该厂负责合唱团的指挥和组织工作，曾任湖南省文史研究馆馆员。

罗忠爱作有歌剧《苹果树下》《合唱组曲》，器乐曲《幻想曲》《抒情探戈》，纪录片音乐《国庆十周年》《万众一心支援农业》等。

苗淑云（1932—），作曲家，生于河北省乐亭县，1945 年参加八路军，1946 年入党。苗淑云在战勤和看护伤员工作中立功，受到党组织表彰；参加了辽沈战役、平津战役、渡江战役；1952 年毕业于中南军区部队艺术学院音乐系作曲科；后历任北京科学教育电影制片厂、中央新闻纪录电影制片厂作曲。

苗淑云代表作：歌曲《四季花开》（苗淑云词）、《采桑子·重阳》（毛泽东词），根据他人作品编配的合唱《战斗进行曲》（韩塞词，佩之曲）、《歌唱二小放牛郎》（方冰词，李劫夫曲），电影音乐《一幅僮锦》（动画片）、《宇宙》《科技简报》《神奇之果沙棘的开发与利用》《治沙保土先锋树沙棘》，电视剧音乐《选择》，电影《征服沙漠草原》音乐及插曲《美丽的大草原》（杨俊雄词），电影《西湖风景》音乐及插曲《采茶谣》（王爱民词），电影《滑翔运动》音乐及插曲《滑翔》（王爱民词），电影《理智启蒙》音乐及插曲《摇篮曲》（王爱民词）等。

沈利群（1932—），作曲家，原名缪利群，祖籍浙江省，1932年生于上海市，擅长戏曲、歌曲演唱。她1948年参加革命，改名沈利群；1957年考入上海音乐学院作曲系；1961年毕业后，任上海人民艺术剧院（现上海话剧艺术中心）作曲。她的创作涉及领域广泛，包括话剧音乐、电影音乐、戏曲音乐、交响音乐及室内乐等。

沈利群作有钢琴曲《蚌和渔夫》，交响组曲《珠穆朗玛》[①]，电影音乐《三笑》《双女情歌》《李慧娘》《陈毅市长》《阿混新传》，现代京剧《智取威虎山》《龙江颂》《宝剑归鞘》，少儿京剧《闪闪的红星》，扬州木偶京剧《嫦娥奔月》，黄梅戏《红楼梦》，话剧配乐《孙中山与宋庆龄》，广播剧音乐《追月》等。

二、舞蹈音乐创作

1955—1965年，还不太为人所知的中央歌舞团创作员谷建芬创作了《草原春雨》《长白春来早》《欢乐的琴声》《马铃》等优秀的舞蹈作品。

---

① 此为她的毕业作品。

在安徽艺术学校工作的徐楠 ① 这时也创作了舞蹈音乐《十二条手巾》《举红灯》。

严金萱创作于 1964 年的舞剧《白毛女》，于苏贤创作于 1974 年的舞剧《剑舞》都是优秀的舞剧音乐作品。

第四节　戏曲、戏剧音乐作品

中华人民共和国成立后的 27 年，在戏曲音乐创作方面，越剧作曲家胡梦桥在女作曲家队伍中的贡献非常突出；胡军驰在京剧音乐方面、俞频在黄梅戏音乐方面、刘庄在话剧音乐方面也都作出了各自的贡献；沈利群在京剧、黄梅戏、话剧方面则都有佳作。

胡梦桥（1933—），作曲家，生于浙江省永康市。胡梦桥 1949 年 5 月参加金华地委文工团，1952 年转入浙江省文工团歌剧队（即浙江越剧团）；相继在浙江越剧二团、浙江越剧改革剧组、浙江越剧一团、浙江小百花越剧团工作；1952—1982 年，从事越剧男女合演改革工作，前期在浙江越剧二团任乐队队长、小提琴演奏员；20 世纪 60 年代开始，在周大风指导下转任作曲，后在浙江越剧一团任副团长、支部副书记；1983 年调入浙江小百花越剧团任团长。出版作品有《越曲新声——胡梦桥越剧唱腔创作选集》等。

胡梦桥的唱腔设计优美典雅，清新流畅，隽永婉约，形成了具有鲜明特色的浙江越剧唱腔风格。为男女合演作曲的剧目主要有《党员登记表》（陈献玉、周大风、胡梦桥曲）、《金沙江畔》（胡梦桥、樊润河曲）、

---

① 徐楠，作曲家、音乐教育家。江苏南京人。1956 年毕业于上海音乐学院作曲系，随后到安徽省歌舞团工作。1958 年与丈夫沈念慈（音乐理论家）到安徽艺术学校理论教研室工作。徐楠创作的音乐作品还有歌曲《攻关》《毛主席您永远活在我们心中》《大海与姑娘》《植树歌》《神州高歌寄忠魂》（与沈念慈合作）；板胡协奏曲《刘胡兰》（与他人合作）；民乐小合奏《牧归》《观灯》等。

《血榜记》（周大风、胡梦桥曲）、《南海长城》（胡梦桥、朱训正、樊润河曲）、《代代红》（胡梦桥、樊润河、朱训正曲）、《小刀会》、《刑场上的婚礼》、《胭脂》（胡梦桥、朱训正曲）、《五月潮》《古墓香魂》（胡梦桥、吴昌年曲）、《花烛泪》、《大观园》、《陆文龙》（罗继良、胡梦桥曲）、《陆游与唐琬》（胡梦桥、顾达昌曲）、《貂蝉与吕布》、《沁公主》《商城真情曲》、《唐伯虎落第》、《西厢记》（顾达昌、胡梦桥曲）、《秋瑾》、《西施断缆》、《琵琶记》（胡梦桥、陈国良曲）、《梨花情》（章志良、胡梦桥、吕群曲）、《孔乙己》、《春香传》等。

胡军驰（1935—），作曲家，广东顺德人，1949年参军从事部队文艺工作；1957年考入中央音乐学院作曲系；1962年毕业后留校任教；1964年任中国音乐学院作曲系专职党支部书记兼创研室主任，参加歌剧《农奴》[①]的音乐创作；1969年任中国音乐学院革委会常务副主任，参加现代京剧《智取威虎山》《海港》《磐石湾》的音乐创作，撰写过《红灯记》《沙家浜》《奇袭白虎团》《智取威虎山》《海港》《龙江颂》6部现代京剧音乐创作经验文稿；1976年至今为中央歌剧院作曲家。

她的声乐作品有：自创词曲的歌曲《我们是中国人民解放军》《亿万人民团结紧，五十六个民族一条心》，为毛主席诗词谱写的京剧清唱31首，混声合唱《灯塔颂》《国歌，我心中的歌》《团结起来全世界的人民》，合唱套曲《我的中国》，7场歌舞戏剧《在那雷鸣雪崩的1959年》（自编剧本），四幕歌剧《山花烂漫》（与他人合作）。

她的器乐作品有：交响曲《鹰之歌》，交响诗《龙之舞》，交响组曲《金色的秋天》等。出版有《军驰创作的交响曲》（3部）、《军驰交响小品集》（一、二集）、《军驰合唱作品集》，并著有《现代京剧音乐创作经

---

① 歌剧未完成，参加作曲者还有李吉提等。李吉提（1940—），女，音乐理论家。湖南省长沙市人，生于陕西省延安市。中央音乐学院教授。作品还有《育英学校校歌》（韩作黎词）等。

验介绍》《交响曲艺术史》等。她作曲的 12 首交响小品灌制的盒带《情人的眼泪》获 1992 年金榜磁带奖。

此外，沈利群作为主创人员参加了现代京剧《智取威虎山》《龙江颂》及《宝剑归鞘》的创作。她作曲的黄梅戏《红楼梦》1990 年获文化部（现文化和旅游部）颁发的文华奖。她的大学毕业作品《珠穆朗玛》是一部话剧配乐。她配乐的话剧《孙中山与宋庆龄》1983 年获上海市第二届戏剧节音乐奖。

俞频与张锐合作的黄梅戏《江汉渔歌》，刘庄的话剧配乐《巴黎人》也都有较高的水准。

第三章　1977—2000 年的
女作曲家音乐创作

1977—2000 年（也是千禧年），中国音乐的发展经历着巨大的变化。海内外女性作曲家也从个人擅长的不同创作领域各自抒写着美丽的华章。

第一节　声乐作品

一、歌曲

（一）大众歌曲和少儿歌曲

从文化生活的逐步正常化，一直到改革开放的春风吹遍神州大地，产生了不少女性创作的充满时代气息的大众歌曲（含群众歌曲）和少儿歌曲。群众歌曲中，瞿希贤的《新的长征，新的战斗》慷慨激昂，谷建芬的《年轻的朋友来相会》清新活泼。少儿歌曲中，李群的《咱们从小讲礼貌》《老师的眼睛会说话》，瞿希贤的《当代中国之歌》，谷建芬的《采蘑菇的小姑娘》《歌声与微笑》等都是影响力较大的作品。

谷建芬（1935—），作曲家，山东省威海市人，生于日本大阪市。她的父母于 20 世纪 30 年代初去日本谋生。1941 年，她随父母回国并定居大连。1950 年，谷建芬考进旅大文工团担任钢琴伴奏。1952 年，她就读于东北音乐专科学校（现沈阳音乐学院）作曲系，师从霍存慧、寄明等。1955 年毕业后至今，谷建芬任中央歌舞团（现中国歌舞团）作曲。曾任中国国际文化交流中心理事，中国音乐家协会副主席，中国音乐著作权协会副主席，第六届全国政协委员，第八、第九、第十届全国人大常委会委员等职。

谷建芬主要从事舞蹈音乐创作，作品《草原春雨》《长白春来早》《欢乐的琴声》《马铃》等各具特色。20世纪70年代后期起开始转向轻歌曲创作，其中大量作品成为当代中国的经典歌曲。其代表作有：《年轻的朋友来相会》《兰花与蝴蝶》《清晨，我们踏上小道》《校园的早晨》《采蘑菇的小姑娘》《那就是我》《绿叶对根的情意》《思念》《烛光里的妈妈》《妈妈的吻》《今天是你的生日》《歌声与微笑》《青青世界》《世界需要热心肠》《二十年后再相会》《新学堂歌》以及电视连续剧《三国演义》主题曲《滚滚长江东逝水》和片尾曲《历史的天空》等。

其参与的近百首作品获得了许多奖项。2023年3月8日晚8点，网络多个平台共同举办了"京东晚八点——谷建芬音乐会"。

左如云（1942—），作曲家、舞蹈家、歌唱家，生于内蒙古自治区呼和浩特市一个知识分子家庭。左如云1958年进入乌兰察布市文工团任舞蹈兼独唱演员；1981年，她调入内蒙古歌舞团，并进入内蒙古师范学院青年作曲班学习；1982年，任词曲创作员兼声乐指挥；在1982和2006年分别举办独唱音乐会；1993年举办个人作品音乐会；1999年出版个人声乐作品选集；2017年出版蒙文歌曲选集。

左如云创作有600多首歌曲，其中有52首获得国家级和自治区级奖项。主要作品还有：《赶车的人儿唱丰收》、《乳香飘》（印洗尘词）、《我那落地生根的故乡》（左如云词）、《多年没有到这里》、《我问额尔古纳河的水》（左如云词）、《回家看妈妈》（左如云词）、《人人伸出援助的手》（左如云词）、《悠悠黄河浪》（刘正华词）等。

瞿维娜（1951—），作曲家，音乐教育家，江苏省张家港市人。瞿维娜1975年毕业于苏州师专艺术专业并留校任教；1982年起历任张家港梁丰高级中学音乐教师，教育局、文化馆、文化局、文广局干部等职；曾任张家港市音乐家协会主席等社会职务。

自20世纪80年代以来，瞿维娜先后创作发表歌曲100余首，其中她任教时创作的梁丰中学校歌《梁丰之歌》传唱至今，其他还有《乡情》

《我们是光荣的钢铁工人》《九曲黄河万里长》《站在世纪潮头上》《江南柳》《我们学校雷锋多》《水乡春歌》等作品。

孟淑珍（1951—），民族文化工作者，鄂伦春族，黑龙江省黑河市逊克县人。她致力于鄂伦春族"摩苏昆"的调查、传承与研究工作。整理的《鄂伦春民间文学》于 1990 年出版。翻译的鄂伦春族民间文学作品《英雄格帕欠》于 1993 年出版，《黑龙江摩苏昆》于 2009 年出版。

她热爱音乐创作，时常作词谱曲，代表曲作主要有：《找到北了》（摩苏昆原词）、《党的光辉》（孟淑珍词）、《请到我们鄂乡来》（孟淑珍词）、《雪野赞达仁》（刘杰词）等。她的旋律以及歌词具有浓郁的鄂伦春族特色，内涵丰富。

姚素秋，作曲家。河北省承德市人，河北省音乐家协会顾问，曾任河北省音乐家协会副主席，承德市文联副主席、音乐家协会主席，国家一级作曲。她 1972 年开始尝试创作，20 世纪 80 年代初到天津音乐学院进修一年作曲，曾出版原创歌曲专辑《心里飞出快乐的歌》两集和多部音乐 MV。

50 多年来，姚素秋写了近千首歌曲。

20 世纪 90 年代的《月儿弯弯》（杨模词）、《心里飞出快乐的歌》（龚爱书词）是她的早期代表作。进入 21 世纪又写有《冰窗花》《红柳》《吉祥的土地》（杨模词）、《啊！中国梦》（刘福君词）、《妈妈喜鹊山桃花》《热河传说》《草原不寂寞》《两个人的森林》和童声合唱《幸福家园》（高育发词）等歌曲。

（二）艺术歌曲

在艺术歌曲方面，瞿希贤、李群、张筠青、崔渊淑、刘庄、左如云等作曲家创作出了很多优秀作品。独唱曲如刘庄的《月之故乡》，瞿希贤的《扬眉剑出鞘》《致意南极》《塔里木之恋》，李群的《祖国之恋》，崔渊淑的《海兰江畔的笑声》，左如云的《乳香飘》《多年没有到这里》，张筠青的《夜思》，彭小红的《林中月夜》，齐巧荔的《回归情》，等等。

左玲玲（1951—），音乐教育家、作曲家，生于江西省抚州市，江西师范大学音乐学院教授，硕士研究生导师。她1974年毕业于江西师范大学音乐系；1989年毕业于天津音乐学院作曲系，获硕士学位；在奥尔夫音乐教学法研究方面颇有建树。

左玲玲代表作（均获省级奖项）有：歌曲《朋友、你留下什么》《拥抱你啊，祖国母亲》《世纪的梦幻》《中华热土》，知识性音乐《多变的音符》《小调式特点歌》《快乐的奥尔夫打击手》（钢琴曲）。

蓝雪霏（1951—2021），民族音乐学家、教育家，畲族，福建省漳浦县人，生于福建省漳州市，曾任福建师范大学音乐学院教授、中国少数民族音乐学会副会长。她在投身民族音乐研究与教育事业之余，亦从事部分创作活动，同时擅长歌唱、舞蹈等多种艺术活动。2021年8月17日4时30分，蓝雪霏逝世于福州市。

她创作有歌曲：男声独唱《小溪啊，小溪》《相思花何时插在她头上》《就该这样》《月圆圆》，女声独唱《杏花雨·梧桐雨》《红叶》《雨中走来卖花女》《鼓浪屿啊，海中的仙女》《香！香！香！》《海边的石头女》，男（女）声独唱《山前的水仙花开啦》，表演唱《海边有个水渔姑》，童谣《挨砻挨乞砣》。这些作品均已录音、发表或获奖。她的作品含蓄隽永，流露着浓浓的闽南情思。虽然她并不以此为职业，作品数量有限，但质量很高。

汪淑芳，作曲家，沈阳音乐学院教授，沈阳音乐学院作曲系毕业，作有歌曲、器乐曲、交响音乐等。丈夫王宗鉴也是一位作曲家。

她的作品有：歌曲《那时候，我们正是年轻人》（晓光词）、《祖国，我是这样爱你》（张名河词）、《邮递铃声》（赵敏杰词）、《相思树下想亲人》（步文伶词）、《祖国之恋》（张名河词）、《怎能忘记》（张名河词，电视剧《忘不了》主题歌）、《大爱无边》（张建中词）、《爱的方圆》（张名河词）、《我们的草原鲜花盛开》（张之涛词）、《兴安岭飞出响铃声》（张之涛词）、《山林里的雾》（张之涛词，同名电视剧主题歌）等；古筝曲《阿里山歌》，交响音乐《海之歌》（王宗鉴、汪淑芳曲）等。

杨余燕，作曲家，作有歌曲、歌剧等。她还为一些中外少儿歌曲、群众歌曲编配了钢琴伴奏。丈夫雷雨声是著名作曲家。

她的作品有：歌曲《南海渔歌》（杨余燕词）、《开拓者进行曲》（郑南词，雷雨声、杨余燕曲）、《除了战斗，还是战斗》（天安门诗抄词）、《椰寨情歌》（杨永词，雷雨声、杨余燕曲）等和歌剧《情人》（七场歌剧，刘文玉、鲁东勇词，雷雨声、杨余燕曲）等。

《情人》于1980年由辽宁歌剧院首演于沈阳。它改编自徐怀中的电影剧本《无情的情人》。它通过讲述一个藏族青年的爱情与复仇故事，巧妙地将大歌剧中常见的咏叹调、宣叙调等戏剧性强的表现形式，与轻歌剧中叙事曲和浪漫曲的抒情特点相结合。

彭小红（1956—），作曲家，生于湖南省沱江市，长于道县教师家庭。1986—2001年，她先后在中国函授音乐学院理论作曲系、南京艺术学院、湖南广播电视大学艺术系、中央音乐学院理论作曲系干部班进修作曲。她发表了100多首歌曲（含歌词）。杨洪基、吕薇、白雪、陈思思、哈辉等歌唱家演唱过她创作的歌曲。中国音乐家音像出版社出版了她的作品集《人间真情》。

已出版的歌曲主要有：《相思月》（彭小红词，田光曲）、《月亮啊，月亮》（赵云生词）、《我是小水滴》（三丫词）、《请你来》（郑文兴词）、《梦的家园》（张爱勤词），少儿歌曲《林中月夜》（金波词）、《自己的天地》（晨枫词）、《风筝花》（李众词）等。

方瑛（1953—），音乐制作人、作曲家、文艺评论家，生于广东省广州市一个知识分子家庭，中国轻音乐协会常务理事、北京英冠文化发展公司总裁。方瑛毕业于北京广播电视大学中文系（学士）、北京电影学院电影学专业（硕士），曾在中央音乐学院进修。其丈夫郭成志也是一位著名作曲家。女儿郭芳菲①是钢琴家、作曲家。方瑛12岁学习小提琴。其主要领域是音乐制作，她为彭丽媛、李谷一、蒋大为、阎维文等歌唱家与歌星策划制作了大量作品。她创作制作的电影音乐《黄埔军人》②，歌曲《莲美人》（陈涛词，方瑛曲），唱片《追缘》都有不俗的成绩。

方瑛的创作将传统与现代有机融合，有着深刻的情感投入与生活体验。她为歌唱家、歌星作曲的歌曲还有：蔡国庆的《逍遥游》（华友国词），吕薇的《花谱》（任万新词）、《思乡情浓》（阎肃词），蔡国庆、杭天琪的《钟情》（方瑛、孙浩词），蒋大为、吕薇的《最亲的人》（陈貌词，方瑛、郭成志曲），廖昌永的《人民颂》（张仁词，方瑛、郭成志曲），张英席的《前进，人民中国》（王晓岭词），王丽达的《梦通新时代》（车行词），韦唯的《海神妈祖》（韩静霆词），彭丽媛的《红尘依依》（阎肃词），等等。

（三）歌剧等舞台艺术作品

在歌剧等艺术形式创作方面，张卓娅等比较突出。刘索拉的歌剧《惊梦》、摇滚歌剧《蓝天绿海》，林品晶的室内歌剧《文姬——胡笳十八拍》以及雷德媛、林瑞玲的歌剧展现了不同的现代风格。

张卓娅（1952—），作曲家，二胡演奏家，也长于歌唱。5岁时她由父母帮助记谱在《儿童音乐》上发表过一首儿歌《红公鸡》。张卓娅毕业于宁海中学；1969年，考入原南京军区前线歌舞团任二胡、小提琴演奏员，开始正式从事创作；1970年，作品《加快步伐朝前走》《好好学习，天天向上》收入了我国70年代唯一的全国原创歌曲集《战地新歌》。《加

---

① 郭芳菲，曾用名郭嘉妮。作有歌曲《爱爱爱》（郭芳菲词）、《和你同行》（王丰词），钢琴曲《彩虹》《湖边》《一天》《你的微笑》《梦中梦》《沙漏》《圣诞礼物》《雨夜》《沉思》《天使的安慰》《雪山》等。
② 主题曲为吕薇演唱的《黄埔情》（尤建华词，方瑛曲）。

快步伐朝前走》还被上海唱片厂录制为密纹唱片发行；1973 年，她考入上海音乐学院作曲系。

张卓娅的作品主要有歌剧、音乐剧、艺术歌曲及电视剧音乐等。20 世纪 80 年代初，上海唱片厂出版了她的作品专辑《林间清泉》①。她与丈夫王祖皆合作的电视音乐剧《芳草心》（向彤、何兆华执笔，王祖皆、张卓娅曲）曾在 60 多个院、团上演，其中主题歌《小草》广为流传。合唱套曲《南方有这样一片森林》（向彤词，王祖皆、张卓娅曲）中的选曲《两地书，母子情》曾风靡一时。在各类评奖中获奖的还有与多人合作的歌剧《党的女儿》（阎肃、贺东久词，王祖皆、张卓娅、印青、方天行、季承曲），电视连续剧《唐明皇》音乐②，音乐剧《芦花白，木棉红》（冯柏铭、贺东久词，王祖皆、张卓娅曲），轻歌剧《玉鸟兵站》（冯柏铭、妮南、王晓岭词，王祖皆、张卓娅、刘彤曲），歌剧《野火春风斗古城》（王晓岭词，王祖皆、张卓娅曲）等。

20 世纪 90 年代末至今，她创作了大量抒情歌曲，与王祖皆合作的《眷恋》（贺东久词）、《别姬》（阎肃词）、《喊月》（赵大鸣词）、《爱情湖》（瞿琮词）等作品都有着较高的艺术水准。她独立创作的《同在蓝色星球上》（王晓岭词）、《Sport 全世界》（付林词）以充满活力的新颖、优美的旋律和热情、时尚的气质，2006 年在 2008 年北京奥运会迎奥运活动中获奖。

林品晶（Bun-Ching Lam，1954—），美籍华人作曲家，钢琴家，指挥家，生于澳门，澳门特区乐团驻团作曲家。她 7 岁开始学习钢琴，15 岁首次举行独奏音乐会；1976 年毕业于香港中文大学音乐系，后赴圣地哥加利福尼亚大学学习，师从伯纳德·兰德（Bernard Rands）、罗伯特·埃里克森（Robert Erickson）、罗杰·雷诺兹（Roger Reynolds）、波

---

① 主打曲由安静作词。
② 其中的歌曲由陈汉元、阎肃、靳雨生作词。

琳·奥利弗罗斯（Pauline Oliveros）及托马斯·尼（Thomas Nee）等；1981 年获博士学位；此后至 1986 年在西雅图康沃尔（Cornish）艺术学院任教。目前主要在纽约生活工作。

林品晶的音乐风格独特，融合了东西方元素，根植于中国文化，并经常结合她在世界各地的生活经历，呈现出不同的传统价值观和文化身份。1991 年她获得罗马大奖。

室内歌剧《文姬——胡笳十八拍》演绎了蔡文姬的故事，以古琴与现代音乐相融合，展现了兼具中国戏曲和西方歌剧风格的合唱。其他作品如《琵琶行》《惊雷》《大江东去》《哪吒》《近江八景》《地图册》《田园牧歌》及钢琴奏鸣曲《六象》，钢琴五重奏《去年春天》，笙协奏曲《濠镜笙歌》等，都广受好评。钢琴与乐队的《澳门怀思》①和《澳门怀思之二》描写了澳门的场所、历史事件和民俗风情。琵琶协奏曲《琵琶之歌》（《琵琶行》）取材自白居易诗篇；《人生若旅》则取材自"竹林七贤"故事。

（四）流行歌曲

早期的中国流行音乐，创作者几乎都是男作曲家。1970 年，随着台湾流行音乐的"文艺复兴运动"即"校园民歌运动"的兴起，才逐渐地吸引、吸收了越来越多的女创作者加入流行音乐大军。她们有的专事创作，但更多是亲身参加到音乐表演里面，自己来演唱甚至参与演奏自己的作品（称为创作歌手或唱作人）。初始阶段有代表性的创作者有洪小乔、林诗达，之后邰肇枚、施碧梧、包美圣、张小雯、徐晓菁、高慧娟等人也陆续参与进来。虽然有商业特质的流行乐风不断侵袭，但经过歌

---

① 共 5 个乐章，分别是前奏曲、南湾、大炮台、宗教乐园和摇篮曲。

林公司的"金韵奖"①、海山公司的"民谣风"、台湾电视公司的《大学城》（后期转为"救国团"主办持续至 1999 年）等接力推动，校园民歌运动影响经久不衰。随着这一潮流的发展，香港和内地的流行音乐领域也进一步向前推进并不断发展。台湾地区的女作曲家因资料不完备暂时无法提供，所以，我们先从香港地区的女作曲家的情况开始叙述。

1. 香港地区女作曲家

20 世纪 90 年代之前，与台湾地区不同，香港地区流行乐坛的创作方面基本是男作曲家的天下，音乐风格受欧美影响也比较突出。女作曲家最突出的有林敏怡、林志美、陈秋霞、古倩雯、曾路得等。

林敏怡（1951—），作曲家、音乐制作人、键盘乐器演奏家，曾用名林倩而，祖籍广东文昌（文昌今属海南省），生于香港，在北角邨长大。其弟弟是著名填词人林敏骢，姐弟俩常合作作品。林敏怡毕业于圣保罗男女中学和香港大学心理学系，曾随老慕贤、屠月仙学钢琴。1972年毕业后，她赴意大利西西里亚音乐学院学习钢琴和电子音乐；20 世纪70 年代末，又到德国弗莱堡音乐学院读作曲；2007 年，与夏韶声及伦永亮携手制作《梅情禅韵》专辑。

她的曲作有：泰迪罗宾的《这是爱》，雷安娜的《彩云曲》，汪明荃的《倾城之恋》，谭咏麟的《幻影》，苏芮的《谁可相依》，徐小凤的《城市足印》，林子祥的《海誓山盟》，黄凯芹的《童话公主》和王菲的《新生》，谭咏麟的《谁可比亲心》，袁凤瑛的《内疚》，黄翊的《做个香港人》，韦绮姗的《云与海之间》，郭富城的《天知道我爱你》和黎瑞恩的

① "金韵奖"是由台湾新格唱片举行的青年校园民歌大赛大奖名称，每届通过全岛范围内的海选，评选出冠军歌手一名，优胜歌手若干名。共举行五届，其中第一至四届在 1977—1980 年每年举行一次，代表着校园民歌的高峰时期。第五届在 1984年举行，但已无往届的影响力，之后停办。

《母亲》，陈松伶的《爱你不是浑闲事》《梦蝶》《走出昨天》和群星合唱的《祝福香港》等。

在台湾校园民歌运动的影响下，1981年，香港电台举办了第一届"城市民歌公开创作比赛"。同年，新力唱片推出《香港城市民歌》合辑，收录了此届比赛大部分优胜作品。林志美就是其中一位炫目的创作与表演者，《归途》即她作词作曲的力作。在"城市民歌"热度的持续影响下，主流唱片公司宝丽金旗下的飞利浦唱片推出一张合辑——《城市民歌》。其中，关正杰演唱的《一点烛光》（郑国江词，陈秋霞曲）以其温暖能量入选当年香港中文十大金曲。

1982年，香港电台又举办了第二届"城市民歌公开创作比赛"。永恒唱片推出了《香港电台城市民歌创作比赛82优胜作品选》，其中收录有古倩雯作词作曲并演唱的亚军歌曲《吾乡吾土》和张蔚仪作词作曲、李丽蕊演唱的《我愿》。另外，决赛参赛曲目中还有一首苏韦碧艳[1]作词、作曲的《狱中的小李》，永声唱片推出的《灵芝草：香港青年创作专辑》则收录了陶赞新演唱的古倩雯创作的另一首歌《灵芝草》（古倩雯词曲）。新力唱片推出了《香港城市民歌 Encore》，收录有林志美作词作曲的《风筝》。曾路得在这一年由华纳推出的《白墙＋精选》收录了多首她创作的作品。这一年还举办了"全港学界歌词创作大赛"，后来担任歌唱老师的伍婉珊作曲的《时间·时间》获冠军。而此时，伍婉珊还写下了另一首她作曲的作品《是谁感慨》（梁伟文词）并公开演唱。

林志美（1963—），唱作人，祖籍广东省揭阳市，生于香港。发行了个人唱作专辑《林志美》《什么是缘分》《偶遇》[2]《爱情幻象》《雨夜钢琴粉蓝色的精选》《因你别离》《洒脱》《永远动听》《志美幻彩精选'89》等。

---

[1] 香港中文大学行政人员。

[2] 主打歌《偶遇》获得1984香港十大中文金曲奖和1985年第4届香港电影金像奖最佳电影歌曲奖。

其为他人作曲的歌曲也有很多，其中由她作曲并填词的有邝美云的《不必多说》，吕珊的《原谅我》，叶玉卿的《我总舍不得》，周慧敏的《思念的夜空》《送给季节》，彭家丽的《最爱一次》《我不是花瓶》，谭咏麟的"Lonely Lonely"。

陈秋霞（1957—），词曲作家，唱作人，生于香港九龙，早年在九龙城区近太子道西一带及观塘花园大厦燕子楼长大，家有一姊一兄。陈秋霞 8 岁起学习钢琴，13 岁即授徒；15 岁通过英国皇家音乐学院八级钢琴演奏优选；1973 年毕业于民生书院；1974 年以自己创作的"Dark Side of Your Mind"（梁柏涛词）获得流行歌曲创作比赛作曲与演唱优胜；1976 年主演电影《秋霞》主角李秋霞，获得第 14 届金马奖最佳女主角，之后也同时在台湾发展个人事业；1983 年在第 2 届香港电影金像奖评奖中以作曲的《俏皮女学生》主题曲《戚眼眉》（林振强词）获得最佳原创电影歌曲奖。2015 年起为韩国中央日报撰写专栏，分享艺术创作。

她的专辑 Dark Side of Your Mind（英语）、《秋霞 Chelsia My Love》（中文 / 英语）、《温馨在我心》（中文 / 英语）、《蝴蝶梦》（中文 / 英语）、Because of You（粤语 / 英语）、Queen of Hearts（英语）、《第二道彩虹》（中文 / 粤语 / 英语）、Mind Wave（日语）、《烟波江上·你不要走》（中文 / 英语）、《一个女工的故事》（中文 / 英语）、《心声》（粤语）、《秋霞创作辑》（中文）、《陈秋霞之歌》（粤语）、《珍惜好年华》（粤语）、《秋霞创作辑 2》（中文）、《一声祝福》（华语）、《寒梅·谣言》（中文 / 粤语）、《山花朵朵》（华语）、《我的歌集》（中文）、Fly Our Dreams（粤语 / 中文 / 英语 / 韩语）、《放飞梦想》（粤语 / 中文 / 英语）等已被发行。

古倩雯（1963—），词曲作家，唱作人，原名古羽，生于广东省广州市。古倩雯 1982 年参加"城市民歌公开创作比赛"获得亚军；1986 年毕业于香港理工学院；1988 年改名古倩敏，以歌曲《自然的脉搏》获得世界环境日流行曲创作赛冠军；进入 21 世纪后（主要是 2000 年）曾再度以唱作歌手身份出现，并于此后推出个人专辑 *One Letter A Day* 原声大碟 + 原创爱情音色剧和《焉知非福》。

她为自己与他人作词并作曲的作品主要有：叶丽仪的《抹掉你的吻》，古倩敏的《若有缘分》，陈松伶的《我今天爱着谁》，伍咏薇的《失落于巴黎铁塔下》，张学友的《微尘》，李度的《香水》，张学友的《安了心》，李蕙敏的《爱无可替代》，林凡的"Old Phone Book"，古倩敏的"You Can Be Beautiful Too"，古倩敏的《别看我只是一只羊》，张学友的《你可以为这个世界付出更多》等。

曾路得（英文名：Ruth Chen，1957—），词曲作家、歌手及歌唱老师，祖籍广东宝安，有着四分之一的牙买加血统。1984 年后，曾路得转任歌唱导师，私人教授歌唱技巧，指导了多名香港流行歌手，包括李美凤、柳妍熙、陈奕诗、林忆莲、彭羚、郑伊健等。

她的专辑《我知你知》、*Ruth*、《白墙 + 精选》、《爱是难了》、《信》、《有缘再见》、*the VOCALIST*、《重新设定 Recovered》、《Embrace 拥我入怀》已被发行。

曾路得为他人和自己作曲的歌曲代表作主要有：《共享欢笑声》（卡龙词）、《我心里恨你》（江羽词）、《共你觅理想》（俞琤词）、《影子与我》（Guo Guang Cheng 词）、《风里的缤纷》（郑国江词）、《父》（郑国江词）、《一个新星的诞生》（Winnie Yu 词）、《这爱令人迷》（卡龙词）等。

陈美龄（1955—），歌手、演员、作家，祖籍广东省东莞市，生于香港。陈美龄 1994 年在斯坦福大学获得教育学博士学位，发行有 60 余张个人唱片，很多为日语专辑。其中，专辑《归来的燕子》包含了 6 首她本人作曲的作品：作曲并演唱的作品有《归来的燕子》（慎芝词）、《往日的恋情》（陈美龄词）、《嫁裳》（蒋荣伊词）、《旅人》（慎芝词）、《对号快车》(慎芝词)、《默默的爱》[①]（庄奴词）。专辑《痴恋·忘忧草》则收录了她作曲的《思乡比路长》（江羽词）。

周慧敏（1967—），歌手、演员、主持人、作家，祖籍广东省中山市，生于香港。周慧敏是独女，父亲在她出生前因心脏病离世，由母亲和祖母养大，成长于香港岛西环高街住宅。她就读于圣士提反堂中学，后于圣迦利亚书院完成预科课程，曾从事香港电台唱片骑师职业。周慧敏 1992 年 5 月被香港电台封为"四大女天王"之一（另三位是叶倩文、林忆莲、陈慧娴）。其绘画作品《新疆老翁》《望过去看将来》等均有获奖，著有《我的猫儿子周慧豹》。

她的个人专辑 Vivian、《情迷》、The Long & Lasting Love、Endless Dream、《流言》、《冬日浪漫》、《尽在不言中》、《最爱》、《心事重重》、《纯爱传说》、《成长》、《离开忧郁的习惯》、《红叶落索的时候……》《知己知彼》、《多一点爱恋》、《处处留情》、《情迷心窍》、《热·敏》、《时间》、《回忆从今天开始》、HIM 等已被发行。

由她作曲的歌曲有：《人间有缘》、《可知我想他》（李克勤词）、《风花烟雨间》（李克勤词）、《少女心》（向雪怀词，黎瑞恩、周慧敏曲）、《明白我这世界没有别人》（向雪怀词，黎瑞恩、周慧敏曲）、《喜欢一个》（简宁词）、《情深到未来》（周慧敏词）、《出嫁的清晨》（简宁词）、《最美的泪水》（姚若龙词）、"A Love Like This"（Krystal Diaz 词）、《寻找消失的过去》（黄剑文、周慧敏曲）、"Psalm 23"（《圣经》诗篇23篇）等。

陈颂红，香港粤语词曲作家、小说及专栏作家、歌手。她 4 岁开始学钢琴，就读于香岛中学、美国加州州立大学音乐系（学习音乐教育及作曲）。陈颂红曾任"幕后玩家"主音歌手，乐队出版了专辑《非常自我的现方式》《本来就是一个概念》。其以笔名宁静出版多部小说。

陈颂红作词的歌曲较多，如《情缘等足一辈子》，作曲的歌曲代表

---

① 粤语版为《紫荆花》（黎彼得词）。

作有《哞歌》《只要有你》《谁更重要》《岁月的童话》《好梦难圆》《跟最爱女儿的说话》《求可再度跟你一起》等。其中，以罗嘉良演唱的作品数量最多，约20首。

王菲（英文名 Faye Wong，1969—），歌手、音乐制作人、演员、慈善家。曾用艺名王靖雯（英文名 Shirley Wong），祖籍黑龙江省龙江县，出生于北京协和医院。其父亲王佑林为煤炭工程师，母亲夏桂影为煤矿文工团女高音。王菲曾就读于北京东直门中学。1987年王菲随父移民香港，1989年以粤语专辑《王靖雯》出道。

她的专辑主要有：粤语的《王靖雯》《讨好自己》[①]《敷衍》等，中文的《迷》《浮躁》《王菲》《唱游》《只爱陌生人》《寓言》《王菲》《将爱》，已被发行。

王菲作曲的歌曲有："Di-Dar"、《假期》《想像》《哪儿》《野三坡》《不安》[②]《感情生活》《脸》《小聪明》《寒武纪》《新房客》《香奈儿》《阿修罗》《彼岸花》《假爱之名》《四月雪》《爱笑的天使》。

王菲作词、作曲的歌曲有：《动心》、《誓言》[③]（窦唯、王菲曲）、《讨好自己》、《出路》、《无常》、《浮躁》、《堕落》、《末日》、《童》、《精彩》（张亚东、王菲曲）、《将爱》、《不留》、《阳宝》。

杜雯惠（1969—），主持人、演员、唱作人、词曲作家，生于香港养和医院，圣保禄中学毕业。她参演的舞台剧往往有由她创作的音乐。

发行的专辑有：正东唱片的音乐剧《白雪公主》原声大碟，丽音唱片的电视剧《难兄难弟之神探李奇》原声大碟，发记唱片的《蝉人间》，正东唱片的《人间定格》和环星音乐的《有 Folk 气 非一般民歌演唱会》等。

她创作的舞台剧作品代表作有：《又试革命》–赫垦坊剧团（演员、

---

① 又用王靖雯之名，也是最后一次使用。
②《想像》《哪儿》《野三坡》为哼唱无歌词，《不安》为纯音乐。
③ 后来也收录于专辑《天空》。

词曲）、《蔗林杀机》——中英剧团（音乐总监、作曲）、《人生唯愿多知己》——中英剧团（音乐总监、词曲）、《白雪公主》——中天制作（音乐总监、词曲）、《窈窕淑女》——春天舞台（演员、词曲）、《播音情人》——春天舞台（演员、词曲）、*Three Show*（杜雯惠、罗敏庄、梁荣忠联合制作）、《传说钟的故事》——奔腾制作（演员、编剧、作曲）、《壹团骚 Floor Show》——过分音乐剧团（演员、编剧）、《龙凤耍花枪》——奔腾制作（演员、编剧、作曲）。

此外，她创作的歌曲还有《书中剑影》（词、曲、唱）、《有没有》（词、曲）、《人生乐趣》（词、曲、唱）等。

石嘉欣，词曲作家、歌手、乐手（键盘、吉他、鼓）。1994 年，石嘉欣曾在 Vagabond（流浪汉）五人女子乐队任吉他和主唱；1996 年毕业于香港演艺学院戏剧系；1996 年之后也曾为 Beyond、太极和刘以达的演唱会唱过和音及弹过吉他。

她的曲作有：刘德华的《天马行空》（石嘉欣词），卢巧音的《刀枪不入》，朱茵的《挥霍》（朱茵词）、《潜意识》（石嘉欣词）、《一分一寸》（因葵词）等，薛凯琪的《你在哪里？》（林若宁词），何超仪的《小腿太肥》（因葵词），陈慧琳的《撩我》（因葵词），叶佩雯的《什么关系》（因葵词）等。

李乐诗（1973—），歌手，祖籍广东三水，生于加拿大艾伯塔省埃德蒙顿市。她 5 岁开始学弹钢琴，毕业于加拿大多伦多皇家音乐学院。1992 年，李乐诗于香港演艺学院剧院饰演音乐剧《万世巨星》女主角，之后与香港嘉音唱片公司签约。

她的个人唱作专辑《李乐诗》、*Beloved*、《感动你》《吾爱被爱》《放松》《真情细说》、*Fantasy* 已被发行。

卢巧音（1974—），歌手、词曲作家、演员，广东中山人，生于香港，长于香港岛黄竹坑，毕业于邓肇坚维多利亚官立中学。2007 年起，卢巧音以笔名启伦发表曲词作品；2013 年，与 Kolor 乐队主音苏浩才结婚；2019 年，与苏浩才及吉他手何兆基组成乐队。

她的个人演唱专辑《不需要……完美得可怕！》（EP）、miao...、《贴近》《色放》、Muse、Fantasy、《赏味人间》、Candy's Airline、《花言巧语》、《天演论》、Process（EP）、L（EP）、Nuri（EP）等已被发行。

梁咏琪（1976—），歌手、唱作人、演员、模特儿，原名梁碧姿，生于香港岛中西区西营盘赞育医院，于香港玛丽诺修院学校、香港理工大学设计学院毕业。她凭主唱《向左走·向右走》电影插曲《回旋木马的终端》获得 2003 年第 40 届金马奖最佳原创电影歌曲；2003 年获颁香港十大杰出青年。

她的专辑有：粤语《爱自己》、《新居》、《花火》、Suddenly, This Summer、G For Girl、《我住 7 楼 A》、Funny Face、《我钟意》、《娱乐大家》、《我想、我唱》、Look、《成长的短发》，中文《短发》、《洗脸》、《梁咏琪》、《新鲜》、《最爱梁咏琪》、Amour、《透明》、《魔幻季节》、《归属感》、《顺时针》、《给自己的情歌》、《礼物》等，均已发行。

梁咏琪作曲的歌曲较多，有《游乐场的快乐照片》（李进词）、《花火》（梁咏琪词）、《25》（陈少琪词）、《跳伞》（陈少琪词）、《继续爱》（陈少琪词）、《我们的永远》（陈少琪词）、《我叫棉花糖》（梁咏琪词）、《高妹》[1]（李克勤词）、《神说》（陶晶莹词）、《半空中》[2]（易家扬词）、《哈哈笑》（陈少琪词）、《高妹正传》（黄伟文词，梁咏琪、李克勤曲）、《唇语》（郑淑妃词）、《无所不在》（梁咏琪词）、《落错车》[3]（陈少琪词）、《三千零一夜》[4]（陈少琪词）等。

彭海桐（1977—），原名彭妮，唱作人、词曲作家，湖北省人。她

① 李克勤演唱。
② 郑秀文演唱。
③ 郑秀文演唱。
④ 李克勤演唱。

自幼学习手风琴，2001 年毕业于香港演艺学院音乐学院，主修钢琴、声乐，曾师从李名强，副修作曲，声乐。1998 年，彭海桐为张学友的粤语歌曲《寂寞的男人》作曲而正式进入演艺圈。

她的个人演唱专辑《好好想想你》《狂想曲》《弧光》，合辑有 NAM、《歌声－琴声》《开学了》已被发行。

她的曲作有：张学友的《寂寞的男人》（潘源良词），彭羚的《要多美丽有多美丽》，古巨基的《不再是朋友》（彭海桐词），罗嘉良的《火花》，王杰的《你们》（何启弘词），莫文蔚的《清醒》（李焯雄词），陈慧琳的《断舍离》，宁静的《吻别前的那片海》（彭海桐词）等。

此外，歌手黎瑞恩 ① 作曲、演唱的歌曲《迷濛下雨天》（向雪怀词）、《亲恩》（李敏词）等也是香港歌手在 21 世纪积极参与创作的体现。

2. 内地女作曲家

艾敬（1969—），唱作人，画家、演员，生于辽宁省沈阳市铁西区艳粉街一个音乐之家。她小学就在沈阳电视台少年合唱团担任领唱。初中毕业后，艾敬考入沈阳艺术学校学习声乐；16 岁开始随沈阳歌舞团巡回演出；1987 年，考入东方歌舞团学员班；1988 年在音乐专辑《88 大趋势》中，以艾静之名演唱了歌曲《沈阳》②，当时，该专辑销量达 600 多万盒；此后，发行了翻唱为主的专辑《情窦初开》和《恋曲 1990》等；1992 年底恢复本名艾敬发行专辑《我的 1997》。此后发行的专辑皆为个人唱作专辑，有《艳粉街的故事》、《追月》、Made in China、《是不是梦》。

容榕（1973—），歌手、词曲作家、音乐制作人、动画编剧、导演与配音。她生于北京市一个音乐世家，6 岁学钢琴，7 岁创作第一首歌曲《小铅笔》，10 岁参加北京市少年宫合唱团；12 岁参演大型音乐舞蹈史诗

---

① 黎瑞恩（1973—），祖籍广东省江门市新会区，生于香港。
② 即《沈阳啊，我的故乡》（朱来顺词，全昌日曲）。

《中国革命之歌》，同年于《天津歌声》杂志首次发表歌曲——《我是祖国小白鸽》；1988年，考入中国音乐学院附中作曲班；1991年，以第一名成绩考入中央音乐学院声乐歌剧系，师从周美玉、郭淑珍；1990年17岁时制作了个人首张词曲唱原创专辑《十七岁感觉》，但因为某些原因未能出版；1995年由广东太平洋影音公司出版了个人专辑《风风雨雨相伴过》磁带版，是中国大陆首次有女歌手出版整张作词作曲演唱的原创专辑。她创作的电影配乐有《十七》（与林海合作）、《大傩·董春女》（与王曦合作）。

她的其他作词作曲并演唱的歌曲还有：单曲《奇迹》，《2015亲爱的》中的《祝愿》《亲爱的》《妈妈颂》等。

张蔷（1967—），歌手、唱作人，生于北京市海淀区一个音乐家庭和书香门第。张蔷5岁随母学习小提琴、钢琴，后来入学于海淀区205中学，16岁出道；1985年，云南音像出版社为其发行第一张（盒）个人专辑《东京之夜》磁带，张蔷自此迅速走红；1996年张蔷以创作歌手的形象出现于歌坛；2008年1月12日，张蔷在北京北展剧场举办了生平第一次个人演唱会。

她的个人专辑有：1985—1992年的20余张翻唱专辑与1996年之后的5张包含唱作的专辑《尽情摇摆》《习惯寂寞》《尽情飞扬》《冬天的咖啡》《我希望在你的爱情里》以及与新裤子乐队合作的专辑《别再问我什么是迪斯科》，均已发行。

张蔷作词作曲并演唱的歌曲有：专辑《尽情摇摆》中的《空白》《心怨曲》，专辑《习惯寂寞》中的《心愿》《分手以后》《玫瑰》《你知道吗》，专辑《尽情飞扬》中的《随风走远》《尽情飞扬》《不能没有你》，专辑《冬天的咖啡》中的《冬天的咖啡》《爱情的海洋》《思念的花》，专辑《我希望在你的爱情里》中的《我希望在你的爱情里》《风儿吹》《一样会潇洒》《因为有你》《爱情的吗啡》《放手》，单曲《乘风破浪》等。

程琳（1967—），歌手，二胡演奏家，河南省洛阳市人。她出生于一个豫剧艺术世家，其弟弟程育也是一名歌手。程琳自幼会唱京剧、豫剧，也喜欢唱歌，7 岁开始学拉二胡。1978 年末，12 岁的程琳考入海政歌舞团当文艺兵，担任二胡乐手；1980 年，她的首张专辑《小螺号》由北京音像公司出品；1983 年，被借调到东方歌舞团，由广州太平洋公司发行了《童年的小摇车》专辑，之后又发行《新鞋子旧鞋子》《程琳新歌 1987》《梦红楼》《比今更重》等专辑。她演唱的《酒干倘卖无》①等歌曲影响极大；1987 年发行专辑《程琳 1987》，主打歌《信天游》引发了1980 年代末大陆歌坛的"西北风"，程琳在专辑中发表了自己作词作曲的原创歌曲《我走的时候》；1988 年，出演电影《本命年》，此片获得柏林国际电影节银熊奖；1990 年到美国加州大学学习作曲，师从赛思·里格斯（Seth Riggs）；1995 年，程琳回到北京，发行唱作专辑《回家》；1998 年 4 月，她成功举行二胡独奏音乐会，同时在美国推出自己作曲、演奏、制作的 CD《新新二胡》EP 专辑。

程琳曲作有：专辑《童年的小摇车》中的《春水弯弯》（程琳词），专辑《比金更重》中的《比金更重》（程琳词）、《天堂与人间》（程琳词，KC Porter、程琳曲），《新新二胡》（*Frash Erhu*）中的二胡曲《早晨的阳光》（Morning Sun）、《玉》（Jade）、《西游》（Journey to the West），专辑《回家》中的《回家》（程琳、黄霑词）、《梦红楼》（程琳词）、《他啊！他啊！他》（黄霑词，黄霑、程琳曲）、《不是一般的戏》（黄霑、程琳词）、《别管我》（程琳词）等。

杭天琪（1966—），歌手、唱作人，江苏省扬州市人，生于上海市。杭天琪毕业于首都师范大学音乐系，国家一级演员。1988 年，她参加第三届全国青歌赛，以《黄土高坡》和《我热恋的故乡》获得通俗唱法第二名，其成名作《黄土高坡》代表了中国新一代流行音乐的声音，开创了中国原创音乐的第一个高峰——"西北风"时代。1999 年 5 月，她以

---

① 其录制早于苏芮版本的发布。

专辑《追缘》在美国接受了世界音乐最高荣誉奖项——格莱美奖评委会主席颁发的终生艺术成就奖，成为亚洲第一位得此殊荣的音乐艺术家。她创作了上百首歌曲，多为自己作词并作曲。

她的个人专辑《可爱的夏季》《梦想号黄包车》《香肠蚊帐机关枪》《奇妙世界》《春闺梦语》《单身女郎》《入梦》《歌魂》《我的未来不是梦》（近半唱作）《不要那样看着我》《为爱出走》《水与火的缠绵》《我的香巴拉》《西北风》和《追缘》（唱作）等已被发行。

杭天琪作词作曲并演唱的歌曲主要有单曲《好时光》《光阴陷阱》《送你一个祝福》《设计我的每一天》和专辑《不要那样看着我》中的《不要那样看着我》《青春的脚步》《心舞》《萍水相逢》，专辑《追缘》中的《有个女孩告诉我》《哪块云彩都有雨》《给我永生》《这种感觉你知道吗》《红苹果的脸》《心的旷野》《温柔依然》等。

周冰倩（1969—），歌手、二胡演奏家、演员，浙江省宁波市人，生于上海市浦东新区一个知识分子家庭。她 1978 年考入上海音乐学院附小学习二胡，1982 年入附中，1985 年入本科就读，师从项祖英学习二胡及声乐。1987 年，周冰倩参加雀巢杯通俗歌手大奖赛，开始歌唱事业。

她的个人专辑《我想有个家》、《周冰倩二胡高胡专辑》、*Passing Love*、《积木的都会》（日语）、《忍耐孤独》、《被梦感召》、《周冰倩还是最想你》（唱作）、《二胡情书》、《我这样的女人》已被发行。她于 1999 年 5 月推出自传《周冰倩 - 真的好想你》，2020 年演唱新作品《小草坝》（汤萍词，廖仕伟曲）。

她的曲作有《还是最想你》（常司词）、《随波逐流》（常司词）、《美丽传说》（焱森词）等。

丁菲飞（1971—），唱作人、词曲作家、二胡演奏家，原名丁蕾，上海市人，生于江苏省南京市。她 6 岁开始学习二胡，后来考入上海音乐学院民乐系，师从闵惠芬的老师王乙。丁菲飞 1993 年自费去日本留学，1994 年回国后，于年底参加"中国风"全国十大歌手国内大型巡回演唱会；1999 年为电视剧《杨贵妃》全剧写配乐并主唱主题曲；2000 年以创作歌手身份由环球唱片推出《月亮忘记了》EP；2001 年又推出专辑 *Dare to Be Different*；2003 年推出以新世纪（New Age）和世界音乐（World Music）为主的大碟《乐源》。

丁菲飞为他人作曲的歌曲有：刘德华的《继续》（丁蕾词，1999），谭咏麟的《你走的那天下着雨》（向雪怀词）、《扑朔迷离》（张美贤词）、《非一般的遐想》（因葵词）、《爱是风》（丁菲飞词）、《如果》（丁菲飞词），李翊君的《爱上孤独的男人》（许常德、丁菲飞词），叶佩雯的《没有心情哭》，关心妍的《战争不是答案》等。

丁薇（1972—），唱作人、词曲作家、二胡演奏家，生于江苏省南京市。1979 年，7 岁的丁薇开始学习二胡；1981 年，考取南京艺术小学；1982 年，入上海音乐学院附小；1985 年，入上海音乐学院附中；1989 年，开始创作歌曲；1991 年，入上海音乐学院作曲系；1993 年，与大地唱片公司签约；1994 年，推出单曲《上班族》；1995 年，推出充满忧郁迷幻氛围的首张个人专辑《断翅的蝴蝶》，其中包括 4 首她的个人原创歌曲；1996 年大学毕业；1998 年，为那英《爱要有你才完美》、刘德华《我要你的每天》提供词曲创作；2000 年，由索尼公司推出第二张专辑《开始》，作品全部由自己原创，充满着浓浓的古典气息，同时也散发着"颓废"、悠扬的味道。2000 年后丁薇也推出了很多作品，专辑有完全个人原创并参与了部分编曲的《亲爱的丁薇》，风格亲切、平和、大气，融入了民谣、电子、波萨诺瓦、爵士等因素；全部由丁薇作曲的第四张专辑《松绑》，包含了丁薇对人生状态的思考、对自由的理解和对人生困境的再次反刍。2000 年后丁薇的单曲有《普希金》（丁薇、林朝阳词，丁薇曲）、《流浪者之歌》（丁薇词曲）、《风度》（丁薇、林朝阳词，丁薇曲）。此外，丁薇夫妇还为《人间正道是沧桑》《蜗居》《假如生活欺骗了你》《中国文房四宝》《我是真的爱你》《亲爱的小孩》《三贵情史》等影视作品创作了音乐。2008 年，丁薇获得第八届音乐风云榜年度最佳唱作人奖。2012 年，丁薇与丈夫林朝阳（盐哥）共同为电影《失恋 33 天》创作的电影音乐获得"台湾电影金马奖"最佳原创电影音乐提名。2019 年 8 月 30 日，获得华人歌曲音乐盛典年度最佳创作女歌手奖（内地）。

肖楠（1968—），摇滚唱作人，生于北京市。肖楠 1975 年开始学习手风琴，进入北京市少年宫文艺组；1985—1987 年，就读于天津音乐学院；1987 年参加全国手风琴邀请赛，获三等奖；1989 年在中国社会音乐学院钢琴专业进修，同年任主唱兼吉他手，与另一位主唱兼鼓手王晓芳和键盘兼合声虞进（后改为维维）、贝斯兼合声所玉洁（后改为林那儿）及萨克斯晓雪组建了眼镜蛇女子乐队；2016 年更名为肖樱竺；2017 年参演电影《缝纫机乐队》；2022 年组建"券·夜场"乐队。

她作词、作曲并演唱的歌曲早期有《错觉》、《走向人群》、《谁也没醉》（眼镜蛇词）、《虚伪》、"Yuan"、《忘记我》等。"券·夜场"时期的作品有"RUN"、"To The Light"、"Feel It Touch It"、"Perfect Mistake"、"I Like Music"、"To The Light"、《童话》（Wei Wei、肖樱竺词）等。

王晓芳（1962—），摇滚唱作人，生于天津市。1975 年，王晓芳 13 岁时开始学习扬琴；1989 年与肖楠等成立眼镜蛇乐队，乐队于 1996 年发行专辑《眼镜蛇Ⅰ》，2000 年发行专辑《眼镜蛇Ⅱ》；1995 年开始热衷于绘画；2002—2004 年在德国柏林又成功举办三场主题为"流动的音符"的绘画、音乐结合的艺术活动。

她作词作曲并演唱的歌曲有《眼镜蛇Ⅰ》中的《交通灯》《梦想》《自己的天堂》《不是游戏的年纪》《都是俗人》，与肖楠合作的有《一扇门，一堵墙，一座坟》（眼镜蛇词曲），《游离》中的《如此……罢了》《慌慌张张》《还是昨天》《装修之歌》《游离》《逆流》《光景》《与我同在》（文律元、王晓芳曲）。

大约 20 世纪 90 年代之后，还有一些大陆女歌手也都尝试以原创歌曲来表达自己的音乐理念，如韦唯 ① 作词作曲的《北京之约》《曾经不知道》和《无人可替代》，田震 ② 参与作曲的《风雨彩虹铿锵玫瑰》(方辉、曾峻词，方辉、田震曲)，朱晓琳 ③ 作词作曲的《当你得到了温暖》，朱哲琴 ④ 作词作曲的《揭谛揭谛》和《第七天》，朱桦 ⑤ 作词作曲的《痴心的人总是被伤得最重》，黄绮珊 ⑥ 参与作曲的《亚洲的骄傲》(阿明词，余志敏、黄绮珊曲)。

赵节（1973—），歌手、唱作人，山西省太原市人。她 3 岁时登台演唱歌曲，中学时自学吉他并开始创作歌曲，曾获山西省卡拉 OK 大赛二等奖、北京广播学院广院之春歌手大赛一等奖。1994—1996 年，赵节曾作为大陆校园民谣运动的重要女将而为人所知，1995 年毕业于北京广播学院播音系。她曾担任过电台主持人、电视台节目编导、制片人、艺员经纪人、策划人等。其作品清新自然，感情纯真，富有诗意，有着浓郁的校园民谣味道。

她作词作曲并演唱的歌曲有：《校园歌谣 1》中的《想在雨里走一走》，《校园歌谣 2》中的《文科生的一个下午》《我的最爱》《年轻的颜色》《照顾爱情》，《我的最爱——校园歌谣十周年》纪念版中的《梦回童年》，其他单曲《四季》《校园回忆》《最真的声音》《祝福您老师》《邻家窗口的康乃馨》《共同的愿望》《归来》《永远的诉说》和未出版的《雪在飞》《这个女人》。

赵节作词作曲由他人演唱的歌曲有：峥峥的《教书先生》、陆民的

---

① 韦唯（1963—），歌手。原名张菊霞，壮族。山东省兰陵县向城镇人，生于内蒙古自治区呼和浩特市。8—14 岁在广西柳州居住，随母韦秀群（壮族）改姓韦。

② 田震（1966—），歌手。原名田桂芝。生于北京市海淀区。

③ 朱晓琳（1969—）歌手。生于江苏省扬州市。

④ 朱哲琴（1968—），歌手。湖南省长沙市人，生于广东省广州市。

⑤ 朱桦（1969—），歌手。生于湖北省武汉市。

⑥ 黄绮珊（1968—），歌手。原名黄晓霞。生于重庆市渝中区。

《老人》、李蓓的《驻足夏季》、蒋晓月的《蓦然回首》、李蓓的《红月亮》、居鹏的《流浪的承诺》等。

同时期还有一位唱作人刘琼，在《民谣新世纪》专辑中推出了自己原创的《姐姐明天就要嫁人了》《成长的烦恼》两部作品。

姜昕（1971—），歌手，唱作人（以作词为主），生于山东省青岛市。她6岁时与父母一起前往北京，1988年入北京经济学院会计系；1990年初，退学成为职业歌手，曾签约天蝎文化公司；1996年推出首张个人专辑《花开不败》，此后又推出了专辑《五月》《纯粹》《我不是随便的花朵》《岁月如歌》。

姜昕创作并演唱的歌曲有《在哪里》（姜昕词，姜昕、王钰棋曲）、《温暖的房间》（姜昕词、曲）等。

李汉颖，作曲家、制作人。她1983年毕业于上海音乐学院理论作曲系；2004年任上海旷音文化艺术发展有限公司音乐总监至今；是中国音乐家协会流行音乐学会理事；1993年，在广东以给高林生创作《牵挂你的人是我》而为人所熟知；1996年获得流行歌坛杰出音乐人成就奖。此后写给刘小钰的《真心真意谢谢你》（杨湘粤词）、写给周冰倩的《真的好想你》（杨湘粤词）等都有强烈反响；2003年创作的音乐剧《太阳童谣》和2009年创作的歌曲《中国站立成树》（马智勇词）均荣获中宣部"五个一工程"奖；2007年创作的绝妙男声组合演唱的歌曲《你一定要幸福》（马智勇词）荣获中国音乐金钟奖银奖歌曲及广东星海音乐奖组合歌曲最佳作曲奖；2011年创作改编的歌曲《阿芝》（博力伍来词，李汉颖、马智勇、部落组合曲）获中国音乐金钟奖"最佳音乐表现奖"。器乐曲《别港》（蝶式筝与扬琴二重奏）描绘了渔民生活，深受听众喜爱。

她的器乐代表作品还有九州音像与喜之元唱片联合推出、龙伟华制作的系列专辑《紫色家园》（4CD），其归属于"中国心灵慰藉音乐"系列专辑。李汉颖在其中还担任了女声演唱。

3. 华裔女作曲家

唐玉璇（1971—2019），歌手，词曲作家，新加坡华裔。

她为歌手作曲的作品主要有：蔡淳佳的《看见》（唐玉璇词），彭羚的《我的美丽与哀愁》（何秀萍词）、《如果》（姚谦词），伊雪莉的《天黑了》（唐玉璇词），汤宝如的《我没有恋爱》等。

许美静（英文名 Mavis Hee，1974—），歌手，唱作人，原名许美凤，新加坡华裔，祖籍福建省莆田市。

她的唱片有：《明知道》、《遗憾》、《都是夜归人》、《蔓延》、《好美静》（粤语）、《一场朋友》（粤语 EP）、《快乐无罪》、《静电》等专辑以及一些单曲，已被发行。

她作曲并演唱的歌曲有 12 首，包括《生活》①（许美静词）、《颜色》（许美静词）、《交通》②（赵琳词）、《红颜》（陈佳明词）、《漩涡》③（赵琳词）、《梦见》（陈佳明词）、《失恋不是一切》（陈佳明、许美静曲）、《不散不见》④、《情理》⑤、《风的叹息》（李格弟词，陈佳明、许美静曲）、《昙花》（陈佳明词）、《今天的太阳》（许美静词）。

两个女生，新加坡歌唱组合（1997—2001），由杨孝芬（后改名杨馥蔚）和廖永其（原名廖崇彤）组成，发行有唱作专辑《两个女生》、*Ready to Fly*、《两人三角》、《坚固友情精选集》。杨馥蔚单飞后发行有唱作专辑《简单生活》。

---

① 粤语版为《我到底要什么》（李敏词）。

② 粤语版为《游戏》（李敏词）。

③ 粤语版为《幸福》。

④ 中文版为《让位》（陈佳明词）。

⑤ 中文版为《我想》（姚谦词）。

第二节　器乐作品

一、室内乐

（一）独奏

独奏作品方面，女性作曲家在钢琴（含伴奏写作）和民族乐器方面创作较多（这里所介绍的也包括华裔作曲家）。

在钢琴基础教育方面，李斐岚有着较大的贡献，她配合教学创作了很多篇幅较小的乐曲。一些女性作曲家技法比较传统，她们的音乐旋律比较突出，且体现出比较浓郁的民族风格，如于苏贤、倪洪进、王小玲、顾秋云和台湾作曲家陈芳玉的作品。而有的作曲家从各自不同的道路开始探索新的技法或手段，并取得成功，如陈怡在多调性方面的实践，刘索拉在民族说唱、爵士与现代和声结合方面的探索，鲍晋书在爵士即兴演奏方面的实践，黄爱莲[①]改编自古琴的系列作品。外籍华裔作曲家一般都采取较为前卫的写作手法，如雷德嫒。在钢琴伴奏写作方面，作曲家辛沪光、张丽达等人的蒙古族民歌伴奏，钢琴教育家毕茜茜、毕思粤母女[②]编配的民歌及《金西创作歌曲集》伴奏等，都很有实践意义。

在民族乐器独奏曲创作方面，费坚蓉的三弦作品，王丽懿的扬琴作品，杨静的琵琶作品，黄好吟、高雁的古筝作品都有较好的评价。

雷德嫒，（英文名 Alexina Diane louie，1949—），华裔加拿大作曲家、

---

① 黄爱莲，钢琴家，重庆人。改编了一些古琴曲，收入钢琴演奏专辑《流水》（2001）。

② 毕茜茜、毕思粤母女，广东人。均任教于中国音乐学院。

钢琴家、音乐教育家，祖籍广东省中山市南区街道渡头社区，生于加拿大温哥华市。她是帕萨迪纳学院和洛杉矶城市学院教授，加拿大皇家学会会员。她于 1968 年获得加拿大皇家音乐学院钢琴表演艺术硕士学位，师从让·里昂（Jean Lyons）；1970 年，获得英属哥伦比亚大学音乐史学士学位；1974 年，她在加州大学圣地亚哥分校获得作曲硕士学位。

她最早的作品之一《懦夫》（Molly）完成于 1972 年，是一首四声道磁带电子作品。

她创作了不少钢琴作品，包括钢琴独奏《玉台景》（Jade Terrace）、《遥远的回忆》（Distant Memories）和《我与星星一起飞越天空》（I Leap Through the Sky with Stars），（预录）预制钢琴曲《龙钟》（Dragon Bells），以及受加拿大广播公司（CBC）委托创作的《钢琴与管弦乐队协奏曲》等。

雷德媛的室内乐作品包括钢琴三重奏《遥远的海岸》（The Distant Shore），弦乐四重奏《边缘》（Edges），钢琴五重奏《夜之边缘》（Night's Edge），双簧管、单簧管和巴松管的《即兴片段》（Riffs），14 把弦乐的《黄昏》（Nightfall）以及 1993 年受安大略美术馆委托创作的《画廊开场》（Gallery Fanfares）、《咏叹调》（Arias）和《间奏曲》（Interludes）等。

她以 1989 年的《天堂之歌》（Songs of Paradise）和 2000 年的《破碎的夜晚，颤抖的星星》（Shattered Night, Shivering Stars）两部管弦乐作品获得朱诺奖最佳古典音乐作曲奖（Juno Award for Best Classical Composition）。

管弦乐作品还包括《永恒的地球》（The Eternal Earth）、《千秋音乐》（Music for a Thousand Autumns）和《天地音乐》（Music for Heaven and Earth）等。

雷德媛和她的丈夫亚历克斯·保克（Alex Pauk）合作了几部电影配乐，包括《最后一夜》（Last Night）和《五种感官》（The Five Senses）。她还与编剧黄哲伦（David Henry Hwang）合作创作了长篇歌剧《猩红公主》（The Scarlet Princess），它于 2002 年由加拿大歌剧公司首演，她的 8 分钟长的迷你喜歌剧《牙膏》（Toothpaste）与由 8 部迷你喜歌剧组成的《烧焦的面包》（Burnt Toast）均由丹·瑞迪肯（Dan Redican）编剧。

近些年展出的较有影响力的作品还有管弦乐《来自鸣响大地的三声号角》（Three Fanfares from the Ringing Earth）、《天高任鸟飞》（Infinite Sky with Birds）、《下山虎》（Bringing the Tiger Down from the Mountain）和歌剧《马尔罗尼》（Mulroney）等。

于苏贤（1931—2020），作曲家、音乐理论家、音乐教育家，中国共产党党员，山东海阳市郭县镇人，生于黑龙江省哈尔滨市。于苏贤 1948 年 1 月由山东省胶东师范考入山东人民文工团；1950 年进入华东大学艺术系音乐科学习（1952 年并入华东艺术专科学校），1953 年毕业后留校任教；1955 年又考入中央音乐学院作曲系本科，师从刘烈武、段平泰、许勇三、陈培勋、盛礼洪、王震亚、苏夏等先生；1960 年毕业留校，主要从事复调等作曲技术理论研究和教学工作，曾任作曲系复调教研室主任。2020 年 11 月 9 日上午 10 时 15 分，于苏贤在北京逝世。

她出版多部具有奠基性、开拓性的学术论著，主要有《歌曲钢琴伴奏的写作》《申克音乐分析理论概要》《复调音乐教程》《20 世纪复调音乐》《中国传统复调音乐》《24 首钢琴赋格曲及创作分析》等。她为中国高等专业音乐教育建立了相当完备的复调教学体系。

她的作品有：混声合唱与钢琴三重赋格《元夕无雨》、管弦乐《大地序曲》、交响诗《青春之歌》、舞剧《剑舞》、钢琴独奏曲《梅花三弄》以及一些复调性钢琴曲（如《赋格》《儿童舞》）和其他声乐作品等。此外，她在创作早期曾出版几首为他人创作歌曲配的钢琴伴奏，如《长征》（毛泽东词，张绍玺曲）、《我爱北京天安门》（金果临词，金月苓曲）、《伟大的社会主义祖国在前进》（天津市革命歌曲创作学习班词曲）。

倪洪进（1935—）钢琴演奏家、钢琴教育家、作曲家，江苏省苏州市人。其父亲倪秋平是京剧大师梅兰芳的琴师。倪洪进自幼学习钢琴，

12 岁时被上海音乐学院音专破格录取为钢琴本科生，师从周广仁。倪洪进 1954 年留学苏联莫斯科音乐学院（师从符拉基斯拉夫·米哈依洛维奇·爱泼斯坦）；这期间获得第六届世界青年联欢节钢琴比赛四等奖，1959 年获优秀毕业文凭；回国后，先后任教于中央音乐学院、中国音乐学院、解放军艺术学院；1985 年获得全国第四届音乐作品评奖的"新作品演奏奖"。她的钢琴演奏技术深厚、音乐鲜活。她追求正确理解与诠释作品，注重作品的整体和局部以及突出音乐的层次感。

她的钢琴音乐创作活动始于 1975—1976 年的《练习曲》，在当时的条件下，这一可贵的探索成果分别是由来自样板戏的京剧曲牌《小开门》《柳青娘》、昆曲曲牌《石榴花》、京剧曲牌《柳摇金》创作而成的。她的钢琴作品可分为改编作品和原创性作品。她的作品具有钢琴化的形式、民族化的内容、教学化的功能，出版有《中国著名作曲家钢琴作品系列：倪洪进钢琴作品选》。

她的代表作有：《京剧曲牌钢琴练习曲》（4 首）、《幻想曲》（4 首：《托卡塔》《听评弹》《银锭桥》《古殿秋诉》）、《金蛇狂舞》、《彩虹 ——鄂温克舞曲》、《云南儿歌两首》、《基诺儿歌变奏》、《叙事曲》、《圆明园漫步》（5 首：《晨思行》《雨中行》《春夜行》《萧瑟行》《信步吟》）、《壮乡组曲》（4 首：《船从远方来》《歌圩》《摇篮曲》《酒歌》）等。

鲍晋书（1950—），作曲家、钢琴家，生于上海市。她 3 岁随母亲学钢琴，4 岁时即尝试创作钢琴曲。1977 年，鲍晋书考入中央音乐学院作曲系，师从杜鸣心，1983 年毕业。之后，她曾在北京舞蹈学院工作。

她的毕业作品为管弦乐《交响组曲》（包括《启》《易》《断》《恒》四个乐章）。此后，鲍晋书专攻钢琴即兴创作，在这方面有着突出的能力，曾在人民大会堂举办钢琴即兴创作独奏会。她在创作早期出版有磁带《爵士钢琴舞曲：生日舞步》[①]，此后又有《影子般的思绪》[②] 等专辑发行。

陈芳玉（1941—），美籍华人钢琴家、作曲编曲家、音乐教育家，生于台湾省嘉义县一个极富音乐素养的医师家庭。她任威斯切斯特音乐学院教授。陈芳玉 1964 年毕业于台湾大学药学系，又考进纽约茱莉亚音乐学院，主修钢琴，师从杰姆斯·弗里斯金（James Friskin）、罗西纳·列文涅（Rosina Lhevinne）及马丁·凯宁（Martin Canin），并随伯纳德·瓦格纳（Bernard Wagenaar）进修作曲；1967 年、1968 年获钢琴学士、硕士文凭；在美国致力于推广台湾作曲家的作品。

她的作品包括多首歌唱曲（独唱《圣母颂》，3 部合唱《这把土》等）、9 首钢琴六手联弹曲（《欢腾》《何日君再来》等）、数首钢琴宗教曲及 14 首台湾歌谣及 3 首民谣（《一只鸟仔哮救救》《思想起》《丢丢铜仔》）等钢琴演奏改编曲，均在美国发表。

李斐岚（1947—），钢琴教育家、音乐理论家，中央音乐学院教授。她著有《幼儿钢琴教学问答》《儿童钢琴手指练习》《幼儿钢琴教程》（与董刚锐合著）以及《钢琴伴奏艺术纵横》等学术论著与教材，发表过大量音乐教育及评论文章。

她的代表作有：《"信天游"主题小变奏曲》《舞龙灯》《看月亮》《练习曲》《草原小姐妹》等。

王小玲（1954—），音乐教育家、音乐理论家、作曲家，广东省人，星海音乐学院作曲系教授，硕导。王小玲于 1979—1984 年就读于广州音

---

① 包括曲目，A 面——茶色的小瓶、威尼斯的夏季、生日的舞步、绿色的原野、蓝色的小丑、今晚；B 面——漫步在密密的森林里、约翰逊·雷、重访、雨点淋湿了我的头、卡玛、墨西哥草帽舞。

② 包括曲目：木兰、影子般的思绪、生姜花、清晨的广播、旋转木马、山间行路、默想呼吸、给你—咪咪、公园里、风铃、灵的私会、乔治。

乐学院（今星海音乐学院）作曲系；1995—1996 年就读于广州音乐学院硕士课程班，长于和声研究；著有《简易键盘和声》《汉族调式和声技法》。

她的音乐作品主要有：粤语艺术歌曲《紫荆花》（王小玲词），钢琴曲《（岭南）随想曲》、《苏联名歌钢琴改编曲》（钢琴改编曲第一作者，共 20 首）、《岁月如歌：流行歌曲钢琴演奏集 2》（钢琴改编曲第一作者，共 20 首）等。

顾秋云（1953—），音乐理论家、音乐教育家、作曲家，上海市人。她是上海音乐学院副教授，视唱练耳教学专家，著有《中外名曲多声部视唱曲选》《高级视唱练习曲》等。

她的音乐代表作有童声领唱与合唱《梦儿和心儿》（梁和平词）和钢琴独奏《民歌主题变奏曲》（顾秋云、王建民曲）。

彭铠立（1965—），钢琴家、作曲家、台北知音电台节目（"台北深呼吸"）主持人、导演、作家，台湾人。她是美国新英格兰音乐学院钢琴演奏硕士，亦擅长演奏大提琴，曾任教于辅仁大学音乐系。

她的专辑《金马三十纪念演奏专辑》《九大艺人创作专辑》《手吻》《给爱机会——彭铠立个人创作专辑》[①]《如祝福的行板》等已被发行。她还为杨德昌导演的电影《麻将》《一一》等创作了音乐。

费坚蓉，三弦演奏家、作曲家；精通琵琶、中阮、月琴、古筝、古琴等多种弹拨乐器演奏；生于上海市，中国三弦协会常务理事。她先后在上海音乐学院附中和民乐系学习，师从张念冰。她的演奏专辑《三弦独奏曲集》《夜来香·东方情韵》等已被发行。她作曲的三弦独奏曲《边寨之夜》在 1983 年全国第三届音乐作品（民族器乐）评奖中荣获一等奖。

王丽懿，扬琴演奏家、音乐教育家，辽宁省海城市莺落山村人。她曾任西安音乐学院教务处副处长、民乐系副处级助理研究员及社会音乐

① 曲目包括《给爱机会》《只为钟情》《逝水》《罗曼史》《恋～在你我之间》《给爱机会》《绮思》《盼》《雪花》《23:59》。

考级委员会扬琴考级评委等职；9 岁随父亲王沂甫学习扬琴，16 岁考入基建工程兵文工团，担任独奏及乐队合奏；1984—1986 年在西安音乐学院进修扬琴专业并师从吕冰学习作曲。其妹妹王成一亦为扬琴演奏家，姐妹一起整理了《王沂甫扬琴八大技法及乐曲》，由人民音乐出版社出版发行。

她的音乐代表作有：扬琴独奏曲《水乡春晓》《小矿车》《修渠引水上高原》等。

杨静（1963—），瑞士籍华人琵琶演奏家、作曲家、音乐教育家；河南省安阳市人；上海音乐学院学士、瑞士伯尔尼艺术大学硕士毕业。她 6 岁学习琵琶，12 岁在河南地方戏曲音乐学校学习戏曲及琵琶；1982 年入上海音乐学院民乐系琵琶专业学习，师从叶绪然，并随胡登跳学作曲，毕业后曾在中央民族乐团工作；1998 年，赴日师从三木稔学习作曲；2003 年开始生活在瑞士；2015 年又在瑞士伯尔尼艺术大学取得爵士作曲和指挥文凭。

她创立了不同的音乐组合，不断探索琵琶及中西乐的合作可能性。她的作品有：合唱《旅人之歌》，琵琶曲《龟兹舞曲》《梦断敦煌》《品诉》《间歇泉》《九连钰》《御酒》《阙如》《沙之海》《消逝的城》《荷》，音乐会组曲《河水的诉说》，亚洲乐器乐队《大河——我们的母亲》，琵琶和电子乐器《一树梨花》，琵琶、中阮、古筝《西楚霸王》，爵士四重奏《走向未来》，弦乐三重奏《0—1—2—3》，琵琶与弦乐四重奏《身份》《弦中玉》[1]，琵琶协奏曲《火与土》。

出版的演奏唱片（或影片）有：《蝴蝶梦》《红豆寄情》《被洪水淹没的村庄》[2]《品诉》《夕影之诗》《青梅静月》《深秋对话》《龟兹舞曲》《梦断敦煌》《魔力瞬间》《与亚洲乐团在东京》《琵琶协奏曲》（《琵琶和室内

---

① 根据《九连钰》改编。
② 1998 年以此唱片通过国际红十字会为东北灾区捐赠了大批物资。

乐曲选》《琵琶和管风琴》《琵琶和弦乐队作品集》《同床共枕》《随遇而安》《走向未来》《第九号》《桥上的舞蹈》等。

　　高雁（1969—），古筝演奏家、音乐教育家、作曲家；回族，河南温县人；1969 年 9 月生；武汉音乐学院党委副书记、院长、教授。她曾任中国音乐家协会古筝专业委员会副会长，中国民族管弦乐学会古筝专业委员会副会长等职。

　　中央电视台多次播出高雁演奏的古筝音乐电视专辑《高山流水》等。她著有《中国古筝演奏基础教程》（上、下集）等；出版有古筝、二胡专辑《浓情雅乐》和《中国古筝演奏基础教程》的配套教学 VCD。

　　她的作品有：原创筝曲《阿拉木·古丽巴拉》《妹娃河》；改编筝曲《喂咚喂》《塔塔尔族舞曲》《月光》《酒狂》等。

　　黄好吟，古筝演奏家、古琴演奏家、作曲家、音乐教育家、音乐理论家，台湾省台北市人，台湾中国文化大学中国音乐学系教授。后又进入台湾中国文化大学音乐系。黄好吟 1969 年开始学习古筝；先在台湾中兴大学（现为台北大学）经济系学习，后又进入台湾中国文化大学音乐系学习，主修古筝、古琴；古筝师从梁在平、陈蕾士、郑德渊、王海燕；古琴师从孙毓芹，副修钢琴师从吴继芳，师从马水龙、张邦彦、何占豪等学作曲，并随川隝一枝习日本筝，随马克·葛瑞森（Mark A. Graveson）学指挥；曾任教于台北艺术大学音乐学系、台湾艺术大学中国音乐学系及民乐科、光仁中学音乐班、华冈艺术学校民乐科；著有《筝乐演奏艺术的探讨》《六十八板筝曲研究》《台湾筝曲创作选暨黄好吟筝乐文集》。

　　她的早期音乐作品风格比较传统，有《春风甘霖遍宝岛》《英雄凯歌》《彩虹仙子》《心愿》《春之歌》《春之颂》《追寻》《花之舞》等。

　　近年，她在作品中加入了很多新的元素，在艺术展示过程中，黄好吟尝试更多地将音乐意象与视觉、听觉相融合。其作品有：《烟霄引》《三猫娱筝》《飞天舞》《台北光影》《伊那亚》《极冰融流》《无字天书——筝三重奏与说书人》《台湾灯会——筝主奏，锯琴、小提琴、钢琴和打击伴奏》《太阳——筝主奏，钢琴、埙、箫及男生合唱伴奏》等。

（二）重奏、合奏

刘索拉（1955—），美籍华人作曲家、小说家、人声表演艺术家、音乐制作人，祖籍陕西省志丹县，生于北京市。其父亲为刘志丹胞弟刘景范，擅长绘画，母亲李建彤擅长文学创作，也精通音乐。刘索拉自小受父母影响，热爱绘画、文学、音乐。她1977年考入中央音乐学院作曲系，师从杜鸣心；1982年开始发表文学作品；1983年任教于中央民族学院；1985年发表代表作《你别无选择》，曾获全国优秀中篇小说奖及多项文学奖。同年刘索拉又推出了演唱专辑——《我的歌献给你们》。两年后，刘索拉选择出国，目前定居纽约。她尝试把中国音乐元素糅合进爵士乐中，意图赋予中国音乐以一种新风貌。

她的文学作品还有小说：《蓝天绿海》《女贞汤》《寻找歌王》《混沌加哩格楞》《香港一条街的故事》《大继家的小故事》《迷恋·咒》；散文集：《蓝调之缘》《口红集》《行走中的刘索拉》《曼哈顿随笔》等。

她的代表性的音乐作品主要有：歌曲《银色的梦》（程琳演唱，刘索拉词），电影《青春祭》插曲《青春的野葡萄》；歌剧《惊梦》[①]《自在魂》《蓝天绿海》《鸡赴庙会》《小仙念珠》，室内乐《蓝调在东方》《中国拼贴》《仙儿念珠》《缠》《隐现》《春雪图》《碎景》《形非形I、II》《生死庆典》《大胡笳》《天地图腾》《灵》《鼓乐行》《直线》《旋舞》《动物图腾组曲》[②]，交响音乐包括多媒体管弦乐《雁鹤鸣》，交响舞曲《大圣传奇》；舞剧音乐《六月雪》（琵琶）、《觉》等。

徐纪星（1961—2020），美籍华人作曲家、钢琴教育家，生于广西

---

① 又译《红都女皇》。
② 包括虎兔摇、龙蛇配、羊猴耍、鼠拜仙、牛马醉、雁鹤鸣、猪龟调、鸡狗跳。

壮族自治区南宁市，原上海音乐学院作曲系教授。其父亲为音乐教育家徐月初，丈夫为作曲家陆培。她 1977 年入广西艺术学院附中主修钢琴，师从全如珑；1979 年考入上海音乐学院作曲系，师从张敦智、王强、陈钢，并师从李苏眉学钢琴，毕业后留校任教；后赴美发展，任全美钢琴学会和肯塔基州钢琴学会会员，全美钢琴教育协会终身荣誉教授。

她的代表作——马骨胡、钢琴和六件打击乐器（云锣、包锣、大锣、梆子、木鱼、碰铃）《观花山壁画有感》在 1983 年全国第三届音乐作品（民族器乐）评奖中获一等奖。这部作品的灵感是通过观看两位画家的画展得来的。它充分展示了马骨胡的演奏技法和特色，生动展现了远古壮、侗先民的生活场景。1984 年，她的《钢琴协奏曲》又在"上海之春"音乐节上获得特等奖。

她的其他重要作品还有艺术歌曲《雪花的快乐》（徐志摩词）等。

徐仪（1963—），法籍华人作曲家，生于江苏省南京市，法国巴黎市立米约音乐学院教授。她 1981 年考入上海音乐学院作曲系，师从陈铭志、陆在易等；1986 年毕业后留校任教；1988 年被文化部（现文化和旅游部）派往法国巴黎学习，成为巴黎声学与音乐研究所计算机音乐研究生班第一批成员，师从频谱音乐之父热拉尔·格里塞及伊夫·马莱克等，1991 年毕业；1994 年获巴黎国立高等音乐学院作曲奖第一名；曾任法国塞尔吉－蓬图瓦兹国立音乐学院作曲教授和上海音乐学院、武汉音乐学院特聘作曲教授。徐仪给自己的音乐体系取名为"易经体系"，经常在创作中将频谱音乐等现代技法与道家思想结合，她的很多作品标题也充满道家色彩。

她的代表作：歌剧《女皇武则天》；民乐三重奏《虚谷》，为 14 件乐器与 8 声道空间化电声而作的《盈与虚》，为长笛、黑管、打击乐、小提琴和大提琴而作的《大归（为纪念格里塞而作）》等。

林瑞玲（Liza Lim，1966—），澳大利亚华裔作曲家，祖籍福建省，生于澳大利亚珀斯市的一个华侨医生家庭；哈德斯菲尔德大学作曲教授、新音乐研究中心主任；曾任墨尔本大学作曲讲师，悉尼交响乐团驻团作曲家，悉尼音乐学院特聘作曲教授等。她的童年时光在文莱度过，自幼学习钢琴、小提琴，11 岁学作曲。林瑞玲 1986 年在维多利亚艺术学院获得文学学士学位，1996 年在墨尔本大学获得音乐硕士学位，1999 年在昆士兰大学获得哲学博士学位。在墨尔本她师从理查德·大卫·哈梅斯（Richard David Hames）、里卡多·福尔摩萨（Riccardo Formosa），也曾到阿姆斯特丹师从顿·德·列乌（Ton de Leeuw）学习作曲。她的丈夫是 ELISION 乐团艺术总监达里尔·巴克利（Daryl Buckley），夫妇自 1986 年以来经常合作。

林瑞玲的作品是高度灵感化的，并且时常以演奏家的"姿态"改变来形成音色、音高等发声要素的改变。其作品反映了她对亚洲仪式文化、土著艺术美学的兴趣，并展示了非西方音乐表演实践的影响。

作品有：室内乐《尘世欲望》（Garden of Earthly Desire）、《心之耳》（The Heart's Ear）、《梦中歌》（Songs Found in Dream）、《地球外的一片海》（An Ocean Beyond Earth）、《森林如何思考》（How Forests Think）、《地球外的一片海》、《不可见》（Invisibility）、《绿狮食日》（The Green Lion Eats the Sun）、《闪光的歌》（Shimmer Songs）、《巫毒之子》（Voodoo Child）、《恶魔鸟》（Diabolical Birds）、《李商隐》（Li Shang Yin）、《鳄鱼街》（Street of Crocodiles）、《面纱》（Veil）、《编织结》（The Weaver's Knot），歌剧《密码树》（Tree of Codes）、《俄瑞斯忒亚》（The Oresteia）、《月灵节》（Moon Spirit Feasting）、《航海家》（The Navigator）等。

严晓藕（1945—），生于陕西省澄城县，国家一级作曲。她 1969 年毕业于中央音乐学院作曲系，师从刘庄；1973 年 6 月入伍，担任中国人民解放军军乐团专业创作员；1998 年任创作室主任；为国家和军队重大司礼任务创作了各类独奏、重奏、合奏曲，编配了许多中外名歌名曲，以及其他作品，总共有数百首。

她的代表作有：歌曲《歌唱敬爱的周总理》（王晓岭词，晓藕、魏群曲）、《告别军旗》（石顺义词，季承、晓藕曲），电视片《海韵》插曲《蓝天上的云》（马靖华词，季承晓藕曲），钢琴与乐队《思念》，管乐合奏（均署名季承、晓藕曲）《五环旗下》《光荣的凯旋》《万岁，伟大的祖国》《三个小伙伴》《骑兵团进行曲》《胜利在召唤》《雪橇上的军歌》等。与季承合作编曲的《中国印象集·抒情音乐——生旦净丑》唱片以及与季承合作作曲的《九州方圆》（王晓岭作词）歌集等深受好评。

彭郁雯，爵士钢琴演奏家、作曲家，台湾省台北市人，丝竹空爵士乐艺术总监，台南艺术大学应用音乐学系客座助理教授。她毕业于台北第一女子高级中学、台湾大学社会学系、美国伯克利音乐学院爵士作曲系，主修爵士理论作曲与爵士钢琴，在台湾大学就读时与摇摆乐结缘，由此进入了爵士乐之门。彭郁雯 1997 年在台创立"变形虫爵士乐团"，以萨克斯、小号等为特征；1999—2000 年完成音乐学院学业；2003 完成柳叶琴（柳琴）演奏的爵士乐曲《凤阳花鼓狂想曲》；2004 年完成《寒鸦戏水三部曲：水畔、寒鸦、嬉水》，后来收录于首张专辑《丝竹空：彭郁雯的爵士狂草》；2005 年成立"丝竹空爵士乐团"，以民乐乐器来演奏爵士乐，和西洋爵士"变形虫"遥相辉映。2009 年，乐团第二张专辑《纸鸢》获金曲奖最佳专辑奖，彭郁雯则获得最佳专辑制作人奖。2010 年，她又凭此专辑获得第 1 届金音奖最佳乐手奖。同年，她又获得第 21 届金曲奖流行演奏专辑最佳专辑制作人奖。2012 推出第三张专辑《旋转》，其中收录的《京剧回忆录》表现了京剧的板腔与旋律线以及大量锣鼓经元素，乐团探索了传统戏曲与爵士乐的交融。2016 年推出第四张专辑《手牵手》，原始和民间氛围浓郁，体现出生命的原动力。

二、交响音乐

这一时期，在交响音乐创作方面，影响较大的有陈怡、张丽达、罗京京和林品晶等。

陈怡（1953—），美籍华人作曲家、音乐理论家、音乐教育家，生于广东省广州市，美国密苏里大学堪萨斯城校区音乐舞蹈学院终身讲座教授。其丈夫周龙（大学同班）亦为著名作曲家。她3岁起随李素心学钢琴，随郑日华学小提琴，1968年因下农村插队而中断学业。陈怡1970年返回广州并担任广州京剧团管弦乐队首席小提琴，并随林耀基学小提琴；1977年，考入中央音乐学院作曲系；1983又成为中央音乐学院第一位女硕士，均师从吴祖强；1984年，陈怡创作钢琴曲《多耶》，广受好评，并于1985年获得全国第4届音乐作品比赛一等奖；1986年硕士研究生毕业，在北京举办个人管弦乐作品音乐会，中国唱片公司发行了陈怡作品专辑《多耶》；同年获奖学金赴美国纽约哥伦比亚大学随周文中及阿根廷作曲家马里奥·达维多夫斯基学习作曲，1993年获博士学位；1994年获得美国优秀妇女作曲家奖，1996年获得纽约大学颁发的美国最杰出妇女音乐家奖并任美国霍普金斯大学皮博迪音乐学院教授；1998年起转任美国密苏里大学堪萨斯城校区音乐舞蹈学院教授；2001年荣获专为作曲家而设的全球金额最高大奖——美国艾夫斯作曲家奖；2005年成为第一位，也是目前唯一的一位入选美国国家文理科学院终身院士的美籍华人及华裔作曲家；2006年被中国教育部聘为中央音乐学院"长江学者"讲座教授。

她的声乐作品有：混声合唱《唐诗合唱四首》《玄》《观沧海》，管弦乐、四件民乐与合唱《中国神话大合唱》，童声合唱《中国古诗合唱五首》，女中音与钢琴《独白二首》等。

她的室内乐作品有：钢琴独奏《多耶》《八板》《竹竿舞》《北方景色》《纪念史蒂芬》[①]《梅花》《咏竹》，萨克斯管四重奏与弦乐队协奏曲《八音》，二胡、琵琶、大提琴和打击乐《中国寓言故事》，单簧管与钢琴二重奏《中国古代舞曲》，琵琶与打击乐二重奏《古舞》，钢琴二重奏《中国西部组曲》等。

---

① 美国作曲家史蒂芬·斯塔基。

她的乐队作品有：长笛协奏曲《金笛》《打击乐协奏曲》，大提琴协奏曲《艾莉诺之献礼》，管风琴与管乐团协奏曲《敦煌幻想曲》，小提琴协奏曲《中国民族舞组曲》，大提琴协奏曲《叙事曲、舞曲和幻想曲》，小提琴协奏曲《德累斯顿之春》《钢琴协奏曲》，管乐队曲《中国西部组曲第二号》《第一交响曲》《第二交响曲》《第三交响曲——我的音乐历程》，管弦乐《歌墟》《线性艺术》《动势》《茶》《卡拉摩尔之夏》《四季》《奥林匹克之火》《虎门 1839》等。

张丽达（1955—），作曲家、音乐教育家、音乐理论家，祖籍湖南省，生于北京市一个高级知识分子家庭；中央音乐学院作曲系教授；国际音乐女性荣誉委员会委员。她自幼学习小提琴、钢琴、扬琴、木琴和其他民族乐器等，后来又学习电子乐器演奏。张丽达 1969 年随父母到内蒙古呼伦贝尔大兴安岭地区插队，入文工团任演奏员；1977 年考入中央音乐学院，1983 年毕业入中央乐团（今中国交响乐团）创作组；1996 年起任教于中央音乐学院作曲系。

她的创作注重探索性作曲技法与音乐人文精神的关系，调性和非调性手法并用，作品体现了她对音乐的激情与对人生的深入思考，强调表述的逻辑和对材料的控制。

她的作品有：合唱《中国凤凰》，清唱剧《木兰辞》；两架筝和大提琴《问渡》，室内乐《线与激情》;《第一小提琴协奏曲"茫谐"》[1]《第二小提琴协奏曲》；民乐吹打与管弦乐队《抬花轿》《1997 香港序曲》《喜马拉雅交响曲》；电影音乐《山河旧话》《西洋镜》等。

罗京京（1953—），美籍华人作曲家、音乐教育家、钢琴教育家、画家，河北省定州市清风店镇东工吕村人，生于北京市。其父亲是作曲家罗宗贤。罗京京 4 岁开始学习钢琴，20 世纪 70 年代进入原广州军区战士文工团，之后进入上海音乐学院作曲系，师从陈钢、桑桐等。1979

---

① 原为小提琴与钢琴的奏鸣曲。

年，罗京京毕业后进入总政军乐团。之后，曾任教于中国音乐学院作曲系；1982 年，罗京京获得美国福特基金会作曲奖金赴美访学，之后返回中国音乐学院任教一年；1984 年返回美国新英格兰音乐学院攻读硕士学位，师从周文中；1987 年在纽约州立石溪大学攻读博士学位，之后，向布兰·阿劳学习电子音乐作曲。她的作品风格笔墨沉凝、跌宕起伏、富于变幻。她用音乐深情地抒发着扯不断的祖国情怀。

她的作品有：歌曲《林中的小路》（金星、晓光词，魏越、罗京京曲），女声合唱《四季》；室内乐《咒语》（The Spell）、《华南虎》《室内交响曲》；短笛、打击乐、单簧管与小室内乐《小放牛》；大型室内乐《盼雨》《马林巴协奏曲》；钢琴与乐队《草书》；管弦乐《蜕》《中国安魂曲》《野火与野草》《敦煌辞曲》；舞蹈音乐《独白》等。

吴丽晖（1950？—1994），旅日作曲家，生于台湾省苗栗县。她颇具才华，可惜英年早逝。她被誉为"江文也第二"。1993 年 12 月 27 日，吴丽晖在北京音乐厅举行了个人作品音乐会并与大陆音乐界进行了交流。

她的主要作品有：管弦乐《随想曲》《中华民族序曲》，交响诗《中国之梦》，芭蕾组曲《后羿与嫦娥》（《天庭》较多被演奏）等。

第三节　影视音乐作品

聂丽华（1935—），作曲家，云南省玉溪市人，生于昆明市。她1959 年毕业于四川音乐学院作曲系；云南民族电影制片厂专职作曲。她是人民音乐家聂耳三哥聂叙伦的女儿，从小受到奶奶彭寂宽的启蒙教育，后来在聂耳精神的感召力下走上了音乐道路。几十年来，聂丽华深入研究聂耳，发表了许多有关聂耳的文章，为海内外传播发扬聂耳精神付出了巨大的心血。她担任了聂耳国际文化促进会艺术总监、云南聂耳音乐基金会名誉理事长等职务。其丈夫曹学安，儿子（曹）青山也都是作曲家。

她先后为纪录片《傣乡行》、故事片《洱海情波》、广播剧《翠湖春晓》及电视连续剧《聂耳》等创作音乐，并写有 100 余首歌曲。

刘雁西（1943—），作曲家；湖北省广济县人，生于重庆市；1967年毕业于上海音乐学院作曲系，任上海电影制片厂作曲。

她的电影音乐作品有：《生死抉择》《大江东去》《好事多磨》《石榴花》《泉水叮咚》《女大学生宿舍》《大桥下面》《黑蜻蜓》《秋天里的春天》《娃娃餐厅》《屠城血证》等 80 余部。

她的电视剧音乐作品有：《紫藤花园》《涉外保姆》《故事 2000》《明天我不是羔羊》《牵手人生》《半把剪刀》《长夜行》《经理夫人》《月朦胧、鸟朦胧》《狄仁杰》《李香君》《传奇将军》等 60 多部。

蔡璐（1945—2015），作曲家、作家、钢琴教育家，江苏省常熟市人。她 1968 年毕业于上海音乐学院作曲系；1973 年任上海科学教育电影制片厂作曲，1975 年任上海美术电影制片厂作曲；曾为《好猫咪咪》《抬驴》等经典动画片创作音乐（含歌曲），而《黑猫警长》主题曲《啊哈！黑猫警长》（蔡璐词）更是家喻户晓，广为流传；1985 年任上海电影制片厂作曲。2015 年 6 月 19 日（美国时间），蔡璐逝世于西雅图。其丈夫刘念劬亦为著名作曲家。

她的电影音乐作品主要有：故事片《模范丈夫》《特殊身份的警官》《驯狮三郎》《女局长的男朋友》《幸福不是毛毛雨》《阿星，阿新》《第三个男人》《百变神偷》《大丈夫的私房钱》《小丑历险记》《滴血钻石》等，动画片《主课》《长在屋里的竹笋》《树苗》《西瓜炮》《小白鸽》《两只小孔雀》《喵呜是谁叫的？》《我的朋友小海豚》（获巴西国际电影节总统银质奖等）、《张飞审瓜》《九色鹿》《回声——小兔淘淘的故事》《瓷娃娃》《小熊猫学木匠》①《马蜂窝》《抢枕头》等近 20 部，科教片《预防近视

---

① 主题曲为《快乐的小木匠》（于之词）。

眼》[1]《熊猫》(黎巴嫩贝鲁特第4届国际教育电影节荣誉奖)、《企鹅大帝》等,电视剧《林则徐》等17部及一些话剧、舞剧(或舞蹈)的作曲。

另外她还写有交响音乐《回声》及一些室内乐、声乐作品等,并发表有多篇音乐论文。

李一丁(1949—2014),作曲家,国家一级作曲,山东省龙口市人,生于北京市,中国电视剧制作中心作曲。明代李东阳为其远祖。其父亲李文保是文学理论家。李一丁曾随父母被遣送至黑龙江伊春任地区文工团提琴手。她1978年考入沈阳音乐学院作曲系,1982年毕业后任职于中央电视台。她积极推进女音乐家、女作曲家的国际、国内音乐活动,曾任国际女音乐家联合会顾问、华人女作曲家协会副主席。

她的影视音乐作品有:电影《澳门轶事》《北京小妞》《那年的冬天》《快乐天使》《金秋鹿鸣》《童年警事》《大阅兵》《足球大侠》《老爸插队的地方》等,电视剧《纽带》《棒棒真棒》《金鸡沟的变迁》《是哭是笑都是爱》《金豌豆》《闻一多》《血色边关》《三国演义》《大雪无痕》[2]《文成公主》《八瓣格桑花》等。

她的器乐作品有:交响诗《三国演义》《可可西里的精灵》,钢琴曲《巴基斯坦素描》(组曲)、《西藏风情前奏曲》、《百岔河岩画》,钢琴五重奏《小兴安岭的鄂伦春人》,弦乐四重奏《西藏朗达》,室内乐作品《西藏朗达》《古格王国废墟》和《扎西岛狂想》《失火的天堂》等。

雷蕾(1952—),作曲家,满族,生于北京市,东方演艺集团作曲,国家一级作曲,曾任中国东方演艺集团艺委会主任,第12届全国政协常委,中国文学艺术界联合会第十届全委会委员,中国音乐著作权协会副主席。其父亲雷振邦是著名电影作曲家,丈夫是著名词作家易茗,夫妇经常合作。雷蕾5岁开始学习钢琴;1968年随父母到吉林通化农村插

---

① 主题曲为《明亮的星》(于之词)。

② 2001年,主题曲《岁月有情》获得第19届中国电视金鹰奖"观众喜爱的电视剧歌曲奖"。

队落户，后来进长春钟表厂当工人；1977 年考入沈阳音乐学院作曲系；1982 年毕业分配到长春电影制片厂音乐创作组与父亲做同事；2010 年，入职东方演艺集团。

她的影视音乐作品有：电影《赤橙黄绿青蓝紫》《东方大魔王》《爱珠》《女贼》《遭遇激情》《花街》《贞贞》《战火中的芭蕾》；电视连续剧《四世同堂》[①]《便衣警察》[②]《天音》《热恋》《张学良与赵四小姐》《潘玉良》《渴望》[③]《上海一家人》《编辑部的故事》《家有儿女（1～4）》《新四世同堂》《十三格格新传》《节振国传奇》等。

她在创作后期投身歌剧创作，主要作品有：《西施》《赵氏孤儿》《冰山上的来客》《武则天》《红军不怕远征难》《金沙江畔》《刘三姐》《秋分种麦正当时》等。

另外，她还有竹笛协奏曲《月光下的探戈》等若干器乐作品和 2 部话剧配乐等。

第四节　戏曲音乐作品

此一时期，在戏曲音乐创作方面有突出贡献的女作曲家有姜云芳、左奇伟、黄平、姚昆宏等。

姜云芳（1943—2016），秦腔、眉户作曲家，生于陕西省西安市未央区六村堡乡，国家一级作曲。她 1959 年考入西安易俗社，学习表演、高胡和作曲；曾任易俗社业务科科长、延安市戏校副校长、陕西戏曲音乐家学会副会长等职；曾获陕西省振兴秦腔优秀艺术教育工作者奖，被

---

① 1989 年主题曲《重整河山待后生》（林汝为词，雷振邦、雷蕾、温中甲曲）荣获"建国 40 周年最令人难忘的歌曲"一等奖。

② 2008 年主题曲《少年壮志不言愁》（林汝为词）获得"改革开放 30 年 30 首歌曲"荣誉。

③ 主题曲《好人一生平安》（易茗词）妇孺皆知。

省文化和旅游厅聘为陕西省扶持青年艺术教育专家组小组成员；著有《肖若兰唱腔艺术》等；执导的戏曲小品《黄陵夜话》《彩票啊彩票》曾获导演奖。

姜云芳从 20 世纪 70 年代开始从事作曲，作品渗透着清新典雅、独具一格的音乐风格。其代表剧目主要有：《日本女人关中汉》《飞将军李广》《郑国渠》《女使臣》《郭秀明》《孙思邈》《柳河湾的新娘》《浣花溪赋》《曹植》《秦腔》《庶民情缘》《易俗社》等。此外还有电视戏曲艺术片《三回头》《四岔》，秦腔广播剧《九重阳》，电影《人间天上情》的秦腔音乐等。

左奇伟（1945—），豫剧演员、声乐演员、豫剧作曲家、戏曲声乐教育家，擅长模仿多种方言，生于河南省开封市，中国戏曲学院音乐系教授。她于 1960 年考入郑州市文工团，1963 年考入河南豫剧院三团。在其演艺生涯中，成功塑造了多个角色；1981 年调入中国人民解放军政治部文工团担任独唱演员；1985 年转业至河南省戏剧研究所从事声腔研究和音乐创作；1987 年考入河南大学音乐二系，师从吕岱声学声乐，师从王基笑学作曲。其毕业作品《金丝娘娘》荣获河北省戏剧节音乐创作一等奖；1995 年调入中国戏曲学院音乐系。她曾主演《五姑娘》《骄杨》《海港》《甜蜜的风波》《青春曲》《慌祸》等剧目中的主要角色，还出版了《左奇伟豫剧唱腔选》《豫剧唱腔赏析》等著作。

她创作的豫剧音乐华丽而不造作，高雅而不失淳朴，不仅具有鲜明的时代气息，而且民族风格浓郁，在豫剧音乐创作领域第一次把女性的名字刻入其中。

她的代表作有：用豫剧曲调谱写的戏歌《沁园春·雪》《蝶恋花·答李淑一》《红旗渠》等；豫剧《香囊记》《福星照万家》《金丝娘娘》《家里家外》《山上山下》《苗郎审爹》《桃花扇》《情系小浪底》《桑榆唱晚》《任长霞》《牡丹魂》《拆磨记》《慈禧与珍妃》《孝贤闵子骞》《黄河九十九道

川》《王屋山的女人》《龙门大佛》《国魂》《花嫁巫娘》《朱丽小姐》《无事生非》《挑山的女人》《洛神赋》《女人是坐山》《秦豫情》等。

黄平（1945—），评剧作曲家，广东省中山市人，中国戏曲学院音乐系客座教授，曾任中国评剧院艺术创作室主任。她 1968 年毕业于中国音乐学院作曲系，从事评剧音乐创作 30 余年，参与了 50 余部大型评剧音乐的创作。

她的代表作有：《高山下的花环》《二愣妈》《祥子与虎妞》《米酒歌》《喜神》《多情的河》《黑头与四大名蛋》《山花》《大路情话》《情恋万家》等。她还参与撰写《中国戏曲音乐教程·戏曲作曲法》一书，发表戏曲音乐研究论文多篇。

姚昆宏（1965—），戏曲作曲家、歌唱家，擅长指挥和演奏二胡、琵琶、中阮，艺名（姚）彩虹，回族。她生于河南省开封市一个梨园世家，任职于（北京）北方昆曲剧院。她是中国音协、中国剧协、中国曲协、中华诗词学会会员，世界华人音乐家协会理事，宋词乐舞研究会名誉会长，中国戏曲音乐学会理事。姚昆宏于 1990 年考入河南大学，1995年考入中国戏曲学院，并在中国艺术研究院和中国音乐学院接受教育和深造。她在作曲和音乐理论方面师从朱敬修、张斌、江宇藩、王基笑、耿玉卿、左奇伟、朱维英、张建民、徐晓明、周青青、傅雪漪、陆放、施万春等；在声乐方面师从唐瑰卿、王春英、王苏芬、马玉萍、李云祥、丛兆桓、王大元等。她的个人作曲和演唱专辑《河南姑娘》等已被出版发行。2018 年，人民音乐出版社出版了杨青、曹雅欣、姚昆宏的图书《琴赏牡丹》，全书主要是用独特的"古琴语言"讲述了中国传统文化故事。

她的戏曲作品主要有：昆曲《宦门子弟错立身》（王大元、姚昆宏曲）、《百花公主》、《王昭君》、《画堂春》、《清明上河图》，京剧《潮白风云》，豫剧《黄河十八湾》《乡试》[①]《琵琶赋》《山妞》《翰园春秋》。

---

① 在原作《哈哈乡长》（2008）基础上修改而成。

她的其他作品还有：《戏曲组合》（1998 年央视春晚）和歌曲《虎仔歌》、《共同的家园》（赵凡聚词）、《河南姑娘》（姚昆宏演唱）、《寻找受伤的叔叔》、《千年就唱一首歌》、《贺岁中国年》、《韵依依》（孙文继词，姚昆宏演唱），河南坠子《还军装》等。

第四章 21世纪的女作曲家音乐创作

2000年以后，互联网的迅速普及给人们的文化生活带来巨大的变革。人们的音乐观念更加多样化。音乐、艺术院校招生、就业模式的变化等因素，使得作曲女学生比例和数量不断上升。信息时代不但有助于作曲家的音乐创作，也强烈冲击着唱片业的生产模式。网络歌手、乐手爆炸式增多——其中也不乏层出不穷的女性作曲者。这样的局面是前数字化时期所无法比拟的。音乐创作经验的共享也正在以前所未有的规模在全世界展开。

第一节　声乐作品

正统歌曲的创作在21世纪虽然受到流行音乐极大的冲击，但许多海内外女作曲家依然坚守着自己的专业追求，默默耕耘，用自己谱写的音符来表现对正能量的歌颂和礼赞。在声乐作品创作方面，职业作曲家（其中包括不少来自高校特别是专业学院的教师）的创作产量较大，质量一般也很高。当然，专业学院中也包括一部分并不以创作为强项的教师，她们主要承担作曲技术理论教学和研究工作，是从侧面为音乐创作事业添砖加瓦。此外，也有一部分身份为歌手或乐手的兼职人员，她们有的来自国家院团等表演团体，也有的属于独立音乐人。她们也为繁荣音乐创作做着积极的贡献。

流行音乐方面，内地的创作人数与规模已逐渐超越港台地区，特别是网络的普及产生了很多的网络创作者，这也使得我们得以知晓一些默默无闻的词曲作者。当然，限于写作时间与篇幅，本书只能择其要而述之。

一、来自高校的女作曲家

赵方幸（1923—2012），音乐教育家、作曲家，原名赵方杏，广东省江门市台山县斗山镇浮石村人。她曾任中央音乐学院作曲系教授（1951年起），中国视唱练耳学会理事。1942年8月，赵方幸到永安就读于国立福建音专，师从江定仙、缪天瑞、陆华柏等。其丈夫黄飞立是著名指挥家，儿子黄安伦是著名作曲家。

她作有合唱曲《新北京，新奥运——2008》（赵方幸词）、《小朋友来唱歌》（赵方幸词）、《我们的歌》（阎肃词）等。

高虹（1958—），作曲家、音乐教育家，生于辽宁省沈阳市，沈阳音乐学院音乐教育系教授。1985年，高虹于沈阳音乐学院作曲系作曲专业毕业后留校任教。她还作有专著《歌曲创作与分析教程》和作品集《云月依依——高虹声乐作品选集》。

高虹作有歌曲《长相思》（白居易词）、《云月依依》（名河词），合唱《赶牲灵》《小河淌水》，声乐套曲《春夏秋冬》（马凯词）等。

居文沛（1975—），作曲家、音乐教育家、演员，湖北省武穴市人，上海音乐学院作曲指挥系教授。她是2020届上海音乐学院博士，师从何训田，论文为《何训田〈色之舞〉〈空之舞〉研究》。

她的作品有：电视剧《绿卡族》《军歌》；电影《真假英雄兄弟情》《云下的日子》《幸存日》《血战湘江》《古田军号》《守岛人》；话剧《一个和八个》；歌剧《霓虹灯下的哨兵》等。

任雅静（1981—），词曲作家、音乐制作人，2004年毕业于中国音乐学院作曲系，2008年赴法国巴黎学习作曲、指挥等。

作有歌曲《随风》（余庆、任雅静词）、《西游记之孙悟空三打白骨精》片尾曲，电影音乐《智取威虎山》（与胡伟立合作）、《"大"人物》，电视剧音乐《心理罪》等。

裴聿茹，作曲家。中央音乐学院作曲系副教授。2009 届中央音乐学院作曲系视唱练耳硕士。

其作有：歌曲《一梦茶香》（王生宁词），大型儿童音乐剧《KUMI 奇幻历险记》（裴聿茹编剧）等。

墨日根高娃（1982—），指挥家、音乐教育家，蒙古族，内蒙古艺术学院音乐学院教授，硕士学位，出版专著《合唱指挥理论与艺术表现力研究》。

她作有歌曲《我的岁月没有冬天》（康也维词）、《草原在说》（高岩词）等。

雅茹（1980—），作曲家、音乐教育家，蒙古族，生于内蒙古自治区锡林浩特市，内蒙古师范大学音乐学院副教授，2006 届作曲硕士，师从潮鲁，后留校任教。

她作有歌曲《蓝天上的戈壁》（布仁吉日嘎拉词）、《你中有我，我中有你》（雅茹词）等。

郑瑾（1979—），音乐理论家、音乐教育家，蒙古族，内蒙古师范大学音乐学院讲师，2008 届作曲理论与教学方向硕士，师从金铁宏，后留校任教。

她作有歌曲《草原的云》（姜哲洋词）等。

赵鸿雁，作曲家、音乐教育家。内蒙古艺术学院音乐学院钢琴系讲师，2013 届作曲与作曲技术理论方向硕士，师从好必斯，后留校任教。

其作有艺术歌曲《雪花的快乐》（徐志摩词），混声无伴奏合唱《亲亲的草原》等。

王燕（1980—），作曲家、音乐理论家、音乐教育家。她是河南省孟州市人，河南师范大学音乐与舞蹈学院副教授，韩国庆熙大学作曲博士。其创作有艺术歌曲、音乐剧、室内乐、交响乐等作品。

王燕作有艺术歌曲《母亲》（左明阳词）等。

傅蒸蔚（1977—），作曲家、音乐教育家。她是河南省安阳市人，安阳师范学院音乐学院讲师，2005 年届云南艺术学院作曲硕士。

她作有歌曲《红旗渠》等，另有器乐独奏、重奏、合奏曲若干。

朱思思，作曲家、音乐教育家、歌唱家、二胡演奏家。她是陕西省西安市长安区人，中央民族大学副教授，世界华人女作曲家协会会员。她曾就读于中国音乐学院民族声乐系，师从金铁霖、马秋华；曾任中国歌剧舞剧院民族管弦乐团二胡演奏员；著有《思思姐姐教唱歌》等。

其作有独唱曲《天边的骆驼》（朱思思词），童声合唱《和平小天使》（王建词），电影音乐《天边的骆驼》等。

魏薇，作曲家，祖籍辽宁省鞍山市，生于江西省南昌市一个艺术之家，中央文化干部管理学院艺术系主任、副教授，2010 届中央音乐学院公共艺术教育硕士，师从王凤岐。

其作有《哈达似的白云》（倪维德词）、民族管弦乐《乡音》等。

李嘉，作曲家、音乐教育家，广西民族大学艺术学院音乐系教授，广西音乐家协会副主席，毕业于广西艺术学院作曲与作曲技术理论专业。其出版有个人创作专辑《亲爱的》。

李嘉作有《亲爱的》（东西词）、（合作）《稻之韵》组歌等。

崔薇（1981—），作曲家，生于天津市，天津师范大学音乐与影视学院教师，天津大学北洋合唱团驻团作曲，2007 届天津音乐学院作曲硕士，师从姚盛昌等。

她作有合唱《致冬天》（崔薇词）、《峡》等。

鄢艳（1979—），歌唱家、作曲家、音乐教育家。她是江西省高安市人，宜春学院音乐舞蹈学院副教授，韩国韩世大学艺术指导博士。

她作有《这山这水这人》（姜建新词，鄢艳、胡宜拉曲）、《红尘佳偶》（黄桂莲词，鄢艳、胡宜拉曲）等。

徐锵，作曲家、音乐教育家，中国戏曲学院音乐系作曲专业副教授。

其父亲是中国戏曲学院教授徐代泉。徐锵为 2005 届中国戏曲学院戏曲作曲专业硕士。

她作有儿歌《小草帽》《小扇子》，黄梅戏《半边月》（合作）、《梦里杏花天》、《郎对花姐对花》（电视剧）、《一个不能少》、《长相知》（电影）、《新四军母亲》，小剧场京剧《祝福》，琵琶与乐队《品戏》等。

张瑞，作曲家、音乐教育家，天津音乐学院作曲指挥系副教授，天津音乐学院教育学硕士，出版有个人艺术歌曲集《雪花的快乐——张瑞艺术歌曲集》和《中国原创练声曲 21 首——张瑞作品集》。

她的作品有：艺术歌曲《歌》（徐志摩词）、《谏词》（马修·阿诺德词，徐志摩译词）、《雪花的快乐》（徐志摩词）、《悼逝去的爱》（徐志摩词）、《苏苏》（徐志摩词）、《眷恋》（苏瑞词）等。

朴英（1971—），作曲家、音乐教育家，沈阳音乐学院作曲系教授，1997 届沈阳音乐学院和声学硕士，师从刘学严。

她的作品有：《雨霖铃》（柳永词）、《月色》（王娜词）、《平平常常的幸福》（韩景连词）等。

二、来自文化单位和艺术院团的女作曲家

王玉兰，作曲家，山西省音乐家协会副主席、阳泉市音乐家协会主席、阳泉市群众艺术馆副馆长。2001 年 5 月，王玉兰在首届中国音乐金钟奖评奖中以作品《老师，你好》（余志强词）获得声乐作品银奖。5 月 23 日，王玉兰作为山西省唯一一位采风创作先进个人，参加了中国文联等单位在北京人民大会堂举行的表彰会，被授予突出贡献奖。

她的代表曲作还有：《父亲》（李京利词）、《不老的希望》（谷福海词）、《山娃的歌》（山妞词）、《一路阳光》（刘卫星词）、《清凉的山圣洁的山》（张枚同词）等。

亢竹青（1984—），作曲家、钢琴家，蒙古族。她生于内蒙古自治

区呼和浩特市一个艺术世家，任北京歌舞剧院歌剧团团长，毕业于中央民族大学音乐学院作曲系。其丈夫张朝为著名作曲家。

其作有歌曲《飞越彩虹》（徐健顺词）、《踏雪寻梦》（陈道斌词）、《记得》（周广兵、李劲词）、《领航》（亢竹青等集体词），舞蹈音乐《泉》，舞剧《草原记忆》《尘埃落定》《戈壁青春》《铜鼓》《云顶飞歌》，音乐剧《丝路传奇·花木兰》，电视剧音乐《东方朔》《龙门村的故事》等。

周曼丽（1961—），作曲家，国家一级作曲，湖北省武汉市人，湖北省音乐家协会副主席。她毕业于武汉江汉大学艺术系和武汉音乐学院研究生班，主修声乐、作曲、指挥。

她作有歌曲《做个快乐的小孩》（周曼丽词）、《远方的大雁》（周曼丽词）、《喊巴山，喊清江》（雷子明词）、《我哥回》（雷子明词）、《古琴台》（黄念清词）、《月照黄鹤楼》（雷子明词）、《白云深处》（黄念清词）等。

王咏梅（1969—），作曲家，江苏省灌南县孟兴庄白皂村人，国家一级作曲，江苏省文联副主席、江苏省音乐家协会副主席，毕业于南京艺术学院音乐系。

王咏梅作有歌曲《你好，世界杯》（世界杯球迷主题歌，天明词）、《美丽家园》（石顺义词）、《放飞青春》（第七届全国大运会会歌，天明词）、《让时代为我们喝彩》（第十届全国运动会会歌，韦唯、蔡国庆唱，石顺义词）、《和谐中国》（第十届全国运动会火炬传递主题歌，祖海唱曲波词）等和大型作品《中国梦，丝路情》（车行等词，组歌），《中华英雄谱》（少儿组歌，车行词）及器乐曲《恋曲》《丝路情深》等。

王紫（1988—），歌唱家、唱作人，河南省商丘市人，2009届解放军艺术学院音乐系民族唱法专业毕业，曾任职于原北京军区司令部。

她作有《迈进新征程》（王生宁词）、《璀璨天津》（王紫词）、《只有朋友》（王紫词）、《红歌》（王紫词）、《春朝花梦》（王紫词）等。

赵红梅，作曲家，河南省曲剧艺术保护传承中心（原曲剧团）国家二级作曲。1989 年，她毕业于河南省戏曲学校曲艺伴奏（二胡）专业，1992 年，调入河南省曲剧团工作。

她的作曲或音乐设计、改编有：曲剧《风雪配》、《大山的女儿》、《安安送米》、《药香》（与李全生合作）、《下访帮扶记》，戏歌《满江红·和郭沫若同志》等。

顾婧媛，作曲家，北京市曲剧团作曲，毕业于中国音乐学院作曲系。

她的作品有：歌曲《故乡是画廊》《北京梦》，北京曲剧《木石奇缘》《林则徐在北京》，儿童剧《白雪公主》《宝船》等。

卢素珍，作曲家，广西崇左市人，崇左市文联主席。其作有歌曲《天琴姐妹》（汤松波词）等和壮族山歌剧《天琴声声》等。

杨云燕，作曲家、歌唱家、音乐制作人，昆明聂耳交响乐团国家一级演员、云南省音乐家协会副主席、云南艺术学院音乐学院客座教授。她毕业于云南艺术学院音乐系，发行个人演唱专辑《寻找阿珈拉》《江湖醉红尘》。

她作有《月亮情歌》[1]（金鸿为词，钟霄军、杨云燕曲）、《白云》（王世雄词）等。

尚海燕，歌手、作曲家，天津市武清区文联副主席、音协主席，于天津音乐学院声乐表演系毕业。

她的作品有：《我的家乡美如画》（秦万丽词）、《谢谢你白衣天使》（戴雨桐词）等。

乔译萱，词曲作家、制作人。她是《人民音乐》编辑、记者，毕业于中国音乐学院作曲系。其作有《梦中的城》（晨枫词）、《心中的家》（车行词）、《偶遇》（乔译萱词）等。

李菲（1982—），作曲家、文化活动策划人，长于钢琴、歌唱。她

---

① 2013 年获得第九届中国音乐金钟奖声乐作品优秀作品奖。

是辽宁省抚顺市人；任职于中国文联音乐艺术中心；中国音乐学院硕士；出版个人音乐作品专辑《同心逐梦　菲同凡响》。

作有歌曲《最好不相见》（仓央嘉措词）、《快乐的少先队》（晨枫词）、《在一起》（果莉词）、《声动人心》（李菲词）等。

赵汀，作曲家，中国煤矿文工团创作中心作曲，中国音乐学院作曲系毕业。她作有歌曲《花季雨季》《快乐校园》《塑造自己》《走过百年》，合唱《奔跑吧，湾区少年》等。

三、来自其他单位的作曲家及独立音乐人

彭小红（1956—），作曲家，湖南省江华瑶族自治县沱江镇人，长于道县。彭小红 1993 年于湖南广播电视大学艺术系毕业，曾在南京艺术学院（1990—1991）、中央音乐学院（2000—2001）等院校进修作曲。

她的曲作有：吕薇的《西子月歌》（贺东久词），白雪的《带一枚月亮回家》（云剑词），陈思思的《请你来》（郑兴文词），杨洪基的《雷锋精神永存》（吕伟忠词），李丹阳的《天上月》（吕伟忠词），刘媛媛的《希望》（吕伟忠词），于文华的《瑶池恋歌》（选民词），周艳泓的《重庆的夜》（选民词）等。

王丽珍，女高音歌唱家、作曲家，中国音乐文学学会会员。她就职于中央某企业，于中国音乐学院声歌系毕业，发行个人专辑《中国，我是那样爱你》。

其作有歌曲《中国，我是那样爱你》（汪晓林词）、《祖国啊，我骄傲地告诉你》（闫宗川词）、《村中的松柏树》（邹德旺词）；电影《上校村官》插曲《山里山外》（邓火林、王刚词），电影《鱼神》主题歌《鱼神》（王丽珍词），电视连续剧《黑河风云》片头曲《黑龙直下九千里》（邓火林词）和片尾曲《流淌着的忧伤》（邓火林词）。

在 2020 年抗击新冠疫情行动中，许多原本不以创作为所长的音乐人甚至文化工作者都拿起笔，在满腔激情的驱使下，写出了振奋人心的

音符。这里面也包括很多女性，如张珊[①]的《定能挺过去》（金中词）、刘军[②]的《深深的爱》（刘军词）等歌曲都能给疫情笼罩下的民众以积极的力量和鼓舞以及心理上的极大安慰。

还有很多作曲家无法一一介绍，现粗略列出名单，以备读者检索：

谭淇尹、陶辚竹、梅梅、王姝旖、业原、付莉、侯静宜、李曼、李珺、张彦妮、马丽娜、曾琼娟、苗业姝、魏洁、付晓婷、吴艳玲、王欣昕、薛玲、陆妍绒、谢淑华、胡袁萍、尤淑彩、倪婉萍、辛欣欣儿、廖芬芳、王丽蓉、易丹丹、李丽娜、常晓梅、郭振霞、苏玮、吕利、雷清梅、塔林格格、郑梦子、韩婷婷、杨美华、范春华、曹梦琳、邬淑颖、傅莉珊、宋艾琪、舒凤子、刘修月、侯田媛、武桂云、胥丽、谭小艳、谌丽君、严克宁、罗秋红、刘莎、裴怡玲、温安丽、璩小梅、阎琰、阎艳、喻贵南（喻辉）、廖宇芬、敖丽蓉、辛翠、饶美玲、唐晓兰、呼延玳每（阿丽玛）、姚海娇、左丹婷、周小卜、邹心怡、穆静、肖燕、龚玥、储成娟、乌燕、车晓菲、王春花（雨柔）、黎丫头、李美丽、佘楚妆、乔晓蕊、文姬、申红梅、辛娜、申霏霏、常晓梅、诺尔曼、沈燕、高晓慧、李萃琳、张红、李丹芬、林媛、奚望[③]、丹甘一（王敏，苗族）、龙仙娥（苗族）、杨仪秀（侗族）、金京爱（朝鲜族）等。

四、流行音乐作曲家（或词曲作家）

台湾地区因资料不完备暂时无法提供，我们先从香港、澳门地区的女作曲家的情况开始叙述。

（一）香港、澳门地区

王菀之（1979—），香港唱作人，广东省潮州市人，加拿大温哥华

---

① 2020 年创作此曲时，曲作者张珊是西安交通大学人文学院博士生。
② 歌曲创作于 2020 年。曲作者还写有歌曲《西拉木伦河》等。
③ 词曲作家，歌手。

英属哥伦比亚大学经济学系毕业，发行专辑 *I Love My Name*、《诗情·画意》、《王菀之 Ivana 首张"国语"创作专辑》、*Infinity Journey*、*On Wings of Time*、《晴歌集》、*Much Feeling Little Thinking*、《仍然记得嗰一次》。她还为其他歌手创作了一些歌曲。

泳儿（1982—），香港歌手，原名陈家欣，祖籍广东省深圳市宝安区，生于香港。她于南洋理工大学会计系毕业，发行的个人专辑有粤语的《感应》、《花无雪》、*Close To You*、*Pieces of V*、《多一点》、《预见？……遇见。》《快乐眼泪、《接近天空的地方》、《我自在》、*Short Stories*（EP）、*Dark Light of The Soul* 等和中文的《多想认识你》《私人珍藏》《半公开的秘密》等。她的曲作有《找自己》（泳儿词）、*Move On*（泳儿词）、《不堪其扰》（陈立志词）等。

钟舒漫（1984—），香港歌手、唱作人，祖籍广东省惠州市，生于香港。钟舒漫个人发行的唱片有《乖女仔》、*Castle*、*Thunder Party*、《给自己的信》、*One Mission*、*It's a Beautiful Day*、*SC*、*Everlasting* 等粤语、英语专辑和中文专辑《我可以》（2012）以及五张福音专辑等。妹妹钟舒祺（1985—）也有原创作品。

卢凯彤（1986—2018），香港唱作人，祖籍广东省河源市，生于加拿大多伦多，发行唱作专辑 *Summer of Love*、《掀起》、《一个人回家》、*Riding on Faith*、*Pillow Talk*、《你的完美有点难懂并不代表世界不能包容》、*You Are Love*、*Come What May* 等。

陈慧敏（1989—），澳门唱作人，澳门理工学院毕业，发行有唱作专辑《一粒嘢》《浪》等。

邓紫棋（1991—），香港唱作人、演员，生于上海市，发行唱作专辑《18……》、*My Secret*、*Xposed*（《曝光》）、《新的心跳》、《童话的休止符》、《摩天动物园》、《启示录》、*Revelación*。

香港地区其他女性曲作者主要还有：

萧萧（萧希榆）、傅佩嘉、容祖儿、余翠芝、贾立怡、翁玮盈、岑宁儿、姜丽文、陈僖仪、苏俏慧、谷娅溦、郭静、岳薇、莫丽淇、小慧等。

（二）内地

叶海茵（1973—），唱作人，后用名叶海旋，广东省东莞市人，星海音乐学院毕业，发行唱作专辑《像我这样爱》《心疼我》《两个人一起不容易》。

叶蓓（1974—），歌手、唱作人、演员，生于北京市一个音乐世家。其妈妈是大提琴手，爸爸是小提琴手。叶蓓于 7 岁开始学钢琴，后陆续在中国音乐学院附中声乐系学习。叶蓓 2009 年取得声乐艺术硕士学位；1999 年发行个人首张专辑《纯真年代》，在其中，叶蓓初试创作；之后发行的专辑有《双鱼》《幸福深处》《我要的自由》《流浪途中爱上你》。《流浪途中爱上你》中的所有歌曲全部是由叶蓓作词作曲的。另外，她还发行了一些单曲；2018 年她获得华人歌曲音乐盛典年度最佳创作女歌手奖。

叶蓓作词、作曲并演唱的歌曲有：《双鱼》中的《蓝色》《恋人》《怀念》，《幸福深处》中的《阴差阳错》，《我要的自由》中的《自由行》《只为这一秒》《单人旁》《姐妹》《片尾字幕》，《流浪途中爱上你》中的《自在》《云来云去》《红蜻蜓》《玩耍的孩子》《只为你聆听》《流浪途中爱上你》《慢慢的爱》《一起变老》《真正的自由》《我最亲爱的人》等。

刘沁（1975—），唱作人、作曲家，江苏省南京市人。她自幼学钢琴，发行唱作专辑《青睐》、《都是刘沁》、《就让我奔跑》、*I'm Fine*、《无人回答》、《爱宝贝》、*You Are Beautiful*、《我们都要好好的：他 & 她情侣概念》（EP）、《再见你》等。

金海心（1978—），唱作人、作曲家，朝鲜族，吉林省人，生于北京市。她自幼学钢琴、长笛，发行有唱作专辑《把耳朵叫醒》、《那么骄傲》、《心感觉》（EP）、《金海心同名专辑》、《独立日》、《爱似水仙》（EP）、《玲珑》等。

王蓉（1978—），歌手，唱作人。原名王菲，也曾用艺名伊菲。生于山西省太原市一个艺术家庭。北京广播学院播音系毕业。发行的三张个人专辑均为其本人作曲（大多为自作词），包括《非想非非想》《我不是黄蓉》《多爱》。此外还有单曲《加倍》（老猫词）、《爱爱不爱》（王蓉、老猫词曲）、《要抱抱》（王蓉词）、《火了火了火》（王蓉词）、《好乐 Day》（王蓉词）、《坏姐姐》（王蓉词）、《小鸡小鸡》（王蓉词）、《抖抖傲》（王蓉词）、《鲨鱼鲨鱼》（王蓉词）、《高跟鞋先生》（王蓉词）、《就要你红》（王蓉词）、《叶问》（刘卓辉、王蓉词，老猫、王蓉曲）、《人鱼校花》（王蓉词）、《啪啪 S 舞》（王蓉词）、《虎啸龙吟》（徐杰词）、《大不了 AA》（王蓉词）、《红烧肉》（王蓉词）、《半首歌》（马智勇词）、《迷路》（马智勇词）等。

莫艳琳（1979—），唱作人、词曲作家，湖北省武汉市人，发行唱作专辑《顽固独身主义》、《宅情歌》、《我不能哭》（EP）、《说走就走》等。其为他人作曲的有周迅的《看海》、章子怡的《梦想长大了》、谭维维的《想见》、谢娜的《万花筒》、李宇春的《下雨》等。

萨顶顶（1979—），歌手、唱作人。其外婆为蒙古族，原名周鹏，河南省平顶山市人，解放军艺术学院通俗唱法专业毕业，发行有个人专辑《自己美》和唱作专辑《万物生》《天地合》《恍如来者》以及一些单曲。

王筝（1980—），唱作人，陕西省西安市人。她自幼学小提琴、大提琴、钢琴，解放军艺术学院声乐系毕业，发行唱作专辑《春风》《我们都是好孩子》《没有人比我更爱你》《钝悟》《叛逆之心》等。王筝为他人创作的有韩红的《相爱》、周笔畅的《天鹅》、谢雨欣的《不再爱》、小柯的《疯了》、卓亚君的《萤火虫》、谭咏麟的《最爱笑的人》等。

陈珀，作曲、编曲家，广东省梅州市人。其父亲为词曲作家陈洁明。陈珀 2002 年毕业于星海音乐学院作曲系，作有室内乐《遐想》《第一弦乐四重奏》《第一交响曲》等古典音乐作品，流行音乐编曲作品有《富士山下》《不如不见》《钟无艳》《我本人》《浮花》《搜神记》《一丝不挂》等，作曲作品有《美丽时光》《七星岩》《走到哪里都想你》《高原牧笛》《梦里水乡》和《西藏欢歌》（陈珀词）等。

谭维维（1982—），歌手、唱作人，生于四川省自贡市富顺县永年镇，四川音乐学院外聘副教授，四川音乐学院声乐系毕业，发行个人专辑《高原之心》《耳界》《传说》《谭某某》《3》《乌龟的阿基里斯》《观照：夏长、秋收、冬藏、春生》《3811》。她作词作曲的有《也许也许》《向日葵》《阿爸》《21 克》《Hold 不住》《睡吧宝贝》《艳阳天》《我》《开放》《拥抱》《恶之花》《树》《什么》《墙》《黑泽明》《当》《天堂口处莲花开》《话儿》等。

尚雯婕（1982—），唱作人，江苏省兴化市人，生于上海市，复旦大学法语系毕业，发行个人专辑《在梵高的星空下》《关于·我们》《时代女性》《全球风靡》《*Nightmare* 魔》《最后的赞歌》《恩赐之地》《*Black & Gold* 黑金》及其他单曲，还发行了一定数量的词曲作品。

郁可唯（1983—），歌手，原名郁英霞，祖籍江苏省兴化市，生于四川省成都市，电子科技大学英语系毕业，发行个人翻唱专辑《百乐门》《茴香小酒馆》《郁音绕梁》和个人专辑《蓝短裤》《微加幸福》《失恋事小》《温水》《00:00》《路过人间》等。她作词作曲的作品有《连衣裙》、《自言自语》、《温水》、《唯》、《躲起来》、《舜华曲》（晚歌词，郁可唯、贾鹏芳曲）、*Missde Call*、《我的城》、《终身浪漫的开始》。

李宇春（1984—），歌手，唱作人，四川省成都市人，四川音乐学院通俗演唱专业毕业，发行有个人专辑《皇后与梦想》《我的》《少年中国》《李宇春》《会跳舞的文艺青年》《再不疯狂我们就老了》《1987 我不知会遇见你》《野蛮生长》《流行》《吥》《周末愉快》及其他单曲，目前已发行 25 首作曲作品。

张靓颖（1984—），歌手，生于四川省成都市，四川大学外国语学院英语系（自考）毕业，发行的个人专辑有《*Jane·爱*》（EP）、*The One*、*Update*、*Dear Jane*（EP）、《张靓颖 @ 音乐》、《我相信》、《改变》、

《感谢》(EP)、《第七感》、*Past Progressive* 等。她的曲作有《我们在一起》。她作词、作曲的有《上一章》、《心电感应 808》、*Adam and Eve*、*Think Like A Man*、*Roll the Dice*、*Love Story*、《一心一爱》、《谁知道》、《从心》、《双关》。

周笔畅（1985—），歌手、唱作人，湖南省长沙市人，成长于广东省深圳市，星海音乐学院流行音乐系毕业，发行个人专辑《谁动了我的琴弦》、*NOW*、*WOW*、《时间》、《i·鱼·光·镜》、《黑·泽·明》、*UNLOCK*、《翻白眼》、*Not Typical*、*Lunar* 和其他单曲。目前有 20 余首曲作发行。

弦子（1986—），歌手，壮族，原名张弦子，广西壮族自治区百色市德保县人，广西艺术学院中专部舞蹈专业、北京现代音乐研修学院毕业，发行《弦子》《不爱最大》《天真》《逆风的蔷薇》《看走眼》《大条到底》《需要多久才能看完一场日落》等专辑。她的曲作有《不睡觉》、《谢谢你》、《耍赖》、《舞台》、《对猪弹琴》、《勇敢一点》、《很想你》（粤语版为《爱人》）、《恋爱晴天》、《以为》、《蒙娜丽莎》等。

在此提供其他内地流行曲女作者粗略名单如下：

金池、石梅、乌拉多恩、崔迪、杨阳、曹方、杜雯媞、孟楠、曾昭玮、严艺丹、刘金、朱雅琼、曹卉娟、江一燕、邵夷贝、毛若琼、袁娅维、吕雯、欧智卓玛、许飞、游美灵、程诗迦、金玟岐、尹歆怡、赵梦、林天爱、朱贝贝、孙嫣然、朱婧汐、卢小娟、黄琦雯、程响、阿肆、艾晴晴、曾轶可、文筱芮、阿悄、刘恋、陈粒、黎洛洛、苏运莹、盖巧、钟婉芸、魏楠、莫诗旎、阮妍霏、福禄寿、赵琬颖、曹蕊、穆姝丹、谈楚然、印子月、刘瑞琦、许芮尔、祁紫檀、张三弥、杨乐、鞠婧祎、叶莺、窦美美、骆蕾、谢春花、邓舒月、陈洁思婷、史兆怡、罗洋、林子琪、牟敏雪、刘夕爱、涂议嘉、杨默依、希林娜依·高、贺子玲、斯丹曼簇、郭沁、贺美琦、贾子叶等，以上人员相对影响较大。

此外还有：沈怡玲、杨湽、姜丽丽、孔玉、倪尔萍、郝志花、邬静、邵丽棠、苏慧、祝英华、郭凤、郭雅婷、凌凌、卢颖、莫凝（莫小娘）、乌丫（丫丫）、覃维妮、刘艾迪、李立萍、佟妍、庄之影、阚媛媛、游弥娜、郭易、于博雅、韩玉玲、孙艾藜、尹姝贻、戚雪、谢熙妍、张小兮、潘妙丹、彭妃妃、韦惠珍、袁莉媛、曹海丹、金语彤、杨语荞、姜亚蕾、滕婕、常馨内、紫齐、伍亚菲、伍可歆、黄婉婷、肖雨蒙、肖丫丫、湛嘉丽、赵贝尔、郭沅君、刁月儿、刁思雯、邱妍桢、邵虞婷（虞织瑶）、虞丽丽、宋艾琪（琪淇姐妹之大琪）、徐珊、洪如、左彤、程思琪、刘珂矣、张钰琪、荣蓉、郗芳、伊莹、李艳、甘璐、龙迦娜、龙悦、于江盈（叶道）、白雪莲、徐婧（婧琪）、张宁（楚颜）、楚笛、楚静、牟春香、谭沐夏、雍静雯、慕莎、慕小迟、辛雯（和舟）、阚亲亲、饶杰（Rill）、高怡嫣（释由米儿）、曾怡、雍巧筠、查可欣、司马妍、上官瑶儿、岳薇、徐海俏、仇依文、宋睿娴、荆羽萱、宣宣、毕兰婷、李依玲、张颖、墨凝 / 墨墨（王瑾）、梁慧、曾玄、刘琨、肖潇（肖冬华）、俞莎、程壁、陈文佳、庄妍、李小萌、刘晓晓、胡小喃、高小慧、小慧、吉泽爱陌（小慧）、钟翠华、林佳慧、邹顿、徐倍、刘瑾睿、汪拾米（汪洋）、吴情儿、徐斐、徐慧琳、呆宝静（江静）、李静、黄珊珊、丁赟娟、文芃芃、李潇茗、朱琳、高珊、邢榕、大丫二丫（蒙古族）等。

（三）海外

符美芸（英文名 Corrinne Foo Mei Ying/ Corrinne May，1973—），唱作人、词曲作家，美籍新加坡华裔。她于新加坡国立大学毕业后又在美国伯克利音乐学院主修了音乐创作及电影配乐。她的专辑有 *Corrinne May*（*Fly Away*）、《爱情魔戒》电视原声带、*Safe in a Crazy World*、*The Gift*、*Beautiful Seed*、*Crooked Lines* 等以及单曲 "They Long to Be" "Close to You" 等已被发行。

柯以敏（1972—），马来西亚华裔歌手，祖籍福建省南安市，生于槟城，发行个人专辑《太傻》《美人风筝》《断了线》《爱我》《邻居的耳朵》

《拥抱我》《想你想疯了》《美丽》《心歌》《好男人》《谢谢你让我这么爱你》《关心》等。她的曲作有《结果》（林秋离词）、《是不是爱》（叶树贤词）、《情动》（张美贤词）、《爱的好苦》（柯以敏词）等。

蔡健雅（1975—），新加坡唱作人，祖籍江苏省，定居台北市，新加坡理工学院工商管理系毕业。发行唱作专辑《呼吸》《记念》、I Do Believe、《陌生人》、《双栖动物》、Goodbye & Hello、《若你碰到他》、《说到爱》、《天使与魔鬼的对话》、《失语者》、《我要给世界最悠长的湿吻》、DEPART。蔡健雅还为他人创作了很多歌曲。

戴佩妮（1978—），马来西亚华裔唱作人，祖籍广东省海丰市，生于马来西亚柔佛州昔加末，南方大学学院中文系毕业。发行的唱作专辑有 Penny、《怎样》、Just Sing It、No Penn, No Gain、《爱疯了》、iPenny、《原谅我就是这样的女生》《回家路上》《纯属意外》《贼》《被动的观众》。

戴佩妮为他人创作的歌曲有：许茹芸的《透气》，江美琪的《如影随形》，梁咏琪的《假装》，黄美珍的《无声抗议》，陈势安的《非你不可》，刘思涵的《拥抱你》，邓养天的《狼狈》，彭佳慧的《说实话》，林晓培的《愿我》等。

梁静茹（1978—），马来西亚华裔歌手，原名梁翠萍，祖籍广东省顺德区，生于森美兰州瓜拉庇劳县马口镇。作有《序》（梁静茹词）。

孙燕姿（1978—），新加坡华裔歌手，祖籍广东省潮州市，生于新加坡，南洋理工大学行销学系毕业。发行的专辑有《孙燕姿》、《我要的幸福》、《风筝》、《Start 自选集》、《Leave》、《未完成》、The Moment、Stefanie、《完美的一天》、《逆光》、《是时候》、《克卜勒》、《No. 13 作品——跳舞的梵谷》等。

她的曲作有《很好》、"On the Road"、《任性》、《真的》、"Someone"、《眼神》、《没有人的方向》、《种》、《听见》、《第一天》、《明天晴天》等。

蔡淳佳（1978—），新加坡华裔歌手，毕业于新加坡理工学院视觉验光系。她的曲作有《想念》《整装》《获得》《不为过》《旁观者》《暖色调》《生存之道》《跷跷板》《迟来的幸福》《异想派》《我是我》《路标》《会幸福吗》《不透光》《玻璃》《找回自己》《要幸福啊》等。

饶嬿婷（1979—），马来西亚华裔唱作人，生于新加坡。发行唱作专辑《饶嬿婷》、*Ture Love* 等。

宇珩（1979—），马来西亚华裔唱作人、唱片制作人，原名邹宇恒，生于吉隆坡。发行的唱作专辑有《依然是朋友》《宇宙永恒 Happy Day》《2006 REAL 创作集》《从这里到那里》《温柔钢铁》等。

她的曲作主要有：梁静茹的《会呼吸的痛》《你会不会》，张智成的《诗人》，丁当的《一半》，杨丞琳的《挂失的青春》，王心凌的《忘了我也不错》，郁可唯的《幸福难不难》等。

张玉华（1979—），新加坡女歌手，祖籍广东省潮州市。她的曲作有《一次爱》《被你照顾》《空心吉他》《六点十五分》等。

朱主爱（1997—），马来西亚唱作人，艺名四叶草，祖籍海南省，生于柔佛州新山市。发行个人专辑《四叶草 *Joyce Chu*》（EP）、《在一起 / 冷冷 *der* 圣诞节》（EP）、《我来自四叶草》、《*Hello!* 朱主爱》（EP）、《25%》（EP）。

此外，海外华人华裔女性曲作者主要还有：

新加坡的涂紫凝、张玉华、龚芝怡、杨馥蔚（杨孝芬）、林颖、蔡礼莲、甄静、梁嘉靖，马来西亚的黄淑惠、王蓝茵、罗忆诗、张慧婷、张宴菁、茜拉，加拿大的于文文等。

第二节　器乐作品

器乐创作方面，女性创作者多数来自高校师生。她们的作品数量不等，有的侧重于创作，投入了很多精力，有的则可能专注于教学与研究，专长也不一定在创作方面。另外还有一些来自专业艺术院团、文化管理机构①或者是独立音乐人。她们都为繁荣我国的音乐创作事业做着各自的贡献。

一、来自高校的作曲家

（一）中央音乐学院

龚晓婷（1970—），作曲家、音乐理论家、音乐教育家，作曲系教授，复调教研室主任，上海市人。其父亲龚耀年是著名作曲家。从1985年考入央音附中开始到2008年取得作曲博士学位，龚晓婷先后师从杜鸣心、徐振民、于苏贤、杨儒怀等。出版有法语译著《德彪西24首钢琴前奏曲分析》和专著《复调音乐基础》《熟悉中的惊奇——陈怡室内乐创作研究》。

她的作品以钢琴作品为最具代表性，曾出版有《圆与缘——龚晓婷作品精选》和《夜是·水中云——抒情钢琴新音乐》两张CD专辑及两部个人钢琴曲集——《淡彩五帧》和《夜是·水中云》。其作品新而不怪、美而不俗，色彩斑斓飘逸，格调清新淡雅，富含丰厚的文化底蕴。

其作品有声乐作品：女高音独唱《我希望是一片雪花》《秋江》，男高音独唱《海恋》，混声合唱《黄河夜月》，女高音协奏曲《丁香百合》等；钢琴作品：《淡彩五帧》②《幻想曲》《花儿朵朵》《童戏》《前奏曲三首》《赋格三首》《即兴曲六首——望舒诗选》，钢琴协奏曲《古都新梦》等；室内乐：（大提琴与钢琴）《叙事曲》、（中乐六重奏）《圆与缘》等；管弦乐：《漂泊的伞》、《国色天香》、（交响音画）《悬浮的什刹海》、（交响序曲）《半城春色》等。

史付红，作曲家、音乐教育家，作曲系副教授，中国民族管弦乐学会理事。她2000年毕业于中央音乐学院作曲系，师从唐建平；2005年取

---

① 如山东省聊城市文化馆陈婷与丈夫——笛子、尺八演奏家刘哲合作了尺八曲《丝路天浔》《海丰塔听古》和男声独唱《观沧海·碣石篇》等作品。
② 2002年获得第二届中国音乐金钟奖钢琴作品奖铜奖。

得加拿大维多利亚大学作曲硕士学位，师从约翰·乔娄纳（John Celona）和丹尼尔·彼得·比罗（Dániel Péter Biró）；2009年取得加拿大多伦多大学作曲博士学位，师从加里·库勒沙（Gary Kulesha）。出版的唱片专辑有《同心圆》和《归去来兮——史付红室内乐作品专辑》。其作品有着多样化的体裁与形式，戏剧性与抒情性相结合，同时具备良好的动力性与可听性，注重中西交融，也注重特定主题与意境的营造，表现出积极的创新与探索精神。

她的作品有：艺术歌曲《声声慢》《蒹葭》，两架钢琴《时间之迹》，室内乐《无时间的大气》《炫彩》《万花筒》《山鬼》《归去来兮》（为侗族大歌、中国和西方混合编制室内乐队而作），室内歌剧《春江花月夜》，管弦乐《同心圆》，民族管弦乐《对话》，交响乐《声音拼图》三部曲（包括打击乐协奏曲《聆听城市》、唢呐协奏曲《光锥内外》和三弦协奏曲《弦诗弹意》）等。

周娟（1981—），作曲家、音乐教育家，作曲系教授，四川省人，在新疆区克拉玛依市长大。本、硕毕业于中央音乐学院，后于美国密苏里大学堪萨斯城音乐舞蹈学院取得音乐艺术博士学位，2010年回国任教。

她的作品有：艺术歌曲《雨霖铃》①，声乐套曲《格》，音乐剧《命运之选择》（Fate Makes a Choice），室内歌剧《悟空》，无伴奏合唱《爱的康塔塔》《风》②，京剧配乐《金锁记》《浣花吟》，戏剧配乐《俄狄浦斯王》《哈姆雷特》《雷雨》，两部弦乐四重奏，大型室内乐《冥》《"鸟语"》《浇灌你的回忆》《我的精神家园》，管弦乐《天涯》《悟空五则》《梭梭》，民乐重奏《楼兰》《西风破》，民族管弦乐三部曲《胡笳吟》《半缘君》《自由花》等。

王丹红（1981—），作曲家、音乐教育家，作曲系教授，吉林省长

---

① 2002年获得第二届中国音乐金钟奖声乐作品奖。
② 2011年获得第八届中国音乐金钟奖合唱作品铜奖。

春市人。吉林艺术学院附中、中国音乐学院作曲系、中央音乐学院（硕士、博士）毕业，先后师从高为杰、唐建平（后与其结为夫妇）。2010年毕业后曾进入中央民族乐团工作。其音乐以丰富的音乐情感、优美的旋律、恢宏大气的曲风而深受欢迎。

她的作品有：女高音与乐队《今夜伴月回》，民族交响合唱《畅想京津冀》，交响合唱《中国梦随想》，民族清唱剧《大地悲歌》，民族管弦乐《长城万里》，箜篌协奏曲《鹊桥仙》，箜篌与乐队《伎乐天》，二胡协奏曲《百年随想》《阿曼尼莎》，扬琴协奏曲《狂想曲》，琵琶协奏曲《月儿高》，琵琶与乐队《云想·花想》，民族室内乐《梅边四梦》，古筝协奏曲《如是》，舞剧《1935之舞》，电影音乐《柳如是》，交响曲《大江南·最忆江南》《灯塔》，交响诗《四季留园》，交响京剧《七个月零四天》，民族交响神话诗剧《大爱长白》等。

周佼佼（1981—），作曲家、音乐制作人、音乐教育家，音乐人工智能与音乐信息科技系副教授。2010年央音博士毕业，师从张小夫。2011年公派赴美国加州大学洛杉矶分校（UCLA）学习电影音乐作曲。其音乐大气、恢宏、旋律委婉、动听、色彩多变，结构富有张弛力与戏剧性冲突，富有极强的画面感。

她的作品有：电影音乐《奥戈》《迷城》《人山人海》《第一次》《为你而来》《启功》等。电子音乐作品《天禅——为笛子和电子音乐而作》《日漠西沙——为琵琶、管子和电子音乐而作》《玄响——为琵琶、管子和电子音乐而作》《天琴——为琵琶、古筝和电子音乐而作》，室内乐《云裳》《灵动》，摇滚音乐剧《美猴王》《魅——拉斯维加斯——感觉》（Senses），舞剧《夏威夷热鼓热舞》，交响音乐诗《五行》。

马扬芝（1987—），作曲家、音乐教育家，作曲系讲师。生于江苏省南京市一个音乐世家，美国曼哈顿音乐学院作曲博士毕业。著有《中英双语音乐理论概述》《通向帕尔纳索斯的阶梯——对位研究》等。

她的作品有：长笛独奏曲《清晨》（Morning Side）、《河畔》（Riverside），室内乐《蝴蝶》（为两名女高音与 14 名演奏者）、"Off"等。

李晨瑶（1992—），作曲家、音乐教育家，作曲系教师。2023 届中央音乐学院作曲博士，论文为《在困顿中寻找呼吸——查娅·切诺文歌剧〈无尽当下〉的音乐创作分析与研究》，师从贾国平。其作品融合了传统与现代，注重民族元素的创新运用，展现了强烈的戏剧性和叙事性。

她的作品有：合唱《依然少年脸庞》（林典铇词），室内歌剧《向南，太阳下颤抖的星》，古筝独奏《芙蓉仙子》，为七位演奏家而作的室内乐作品《雁骨》，古筝与七件民乐《七星月》，管风琴独奏《蝴蝶与潜水钟》，管风琴协奏曲《浮动的火》，钢琴协奏曲《彼岸之花》，管弦乐《千翅》《海风中失落的血色馈赠》，交响乐《伏羲·八卦图》，民族管弦乐《楼兰长歌》等。

何思润，作曲家、音乐教育家，作曲系视唱练耳教研室教师。2016 届纽约大学作曲系影视配乐硕士。

其作品有：青海省化隆回族自治县塔加中心学校校歌《为梦奋发》（彭子柱词），钢琴独奏《武汉组曲》[1]，电影音乐《疯狂的外星人》，电视剧音乐《空降利刃》。

周静，作曲家、钢琴家、音乐教育家，作曲系副教授。中央音乐学院作曲系博士，师从叶小纲。发行有作品集《穿越时光》[2]。

她作有艺术歌曲《忆秦娥》，筝独奏《陌桑》[3]，小提琴、钢琴二重奏《八乱》，弦乐四重奏《应声》，交响乐《阿赖耶》《艳》等。

---

[1] 2011 年获得第八届中国音乐金钟奖钢琴作品奖。

[2] 包括的曲目有：《舒伯特与李香兰》《月亮幻想曲》《冰雨中的拉赫玛尼诺夫》《彼得·伊里奇·张三的歌》《贝多芬的女人花》《夜半幽灵》《家Ⅰ》《家Ⅱ》《谢尔盖的十年》和《法兰西的雨》。

[3] 2005 年获得第五届中国音乐金钟奖古筝作品铜奖。

周晴雯，作曲家。音乐人工智能与音乐信息科技系教师。中央音乐学院电子音乐作曲硕士，师从李小兵；作品分析博士，师从郭新。

她作有艺术歌曲《乡愁》《贝壳》；电子音乐《唤雨》《伤弓之鸟》《碧云天》；室内乐《望边》；混合音乐《兰亭序——为古筝与电子音乐而作》等。

沈媛，管风琴家、钢琴家、作曲家、音乐教育家，钢琴系教授。其父亲为电子琴教学研究中心主任沈晓明。沈媛2001年考入央音电子管风琴专业，2007年考入日本东京圣德大学，师从松居直美攻读博士学位，成为世界音乐史上第一位电子管风琴博士。她创作的《等待戈多》、*B-A-C-H*，分别于2014年、2018年入选哈莱姆国际管风琴音乐节"青年作曲家计划"。

陈艺雪（1990—），作曲家、音乐教育家，继续教育学院讲师。2017届央音作曲系硕士。2013年以作品《尊》获得文化部（现文化和旅游部）第17届全国音乐作品评奖室内乐优秀作品奖。

近些年来中央音乐学院培养的学生较活跃的主要有（仅举几例）：

南思羽，作曲家。2023届作曲博士，师从秦文琛。作有合唱《蝶梦》，室内歌剧《大红灯笼高高挂》，室内乐《锦瑟》[①]《忆清照》《夜深沉》，交响乐《梦里云归何处寻》等。

刘晓晓，作曲家，山西省晋城市人。2021级作品分析硕士，师从向民。其作有二胡独奏《雅歌》，弹拨乐《定风波》，管弦乐《窗边随想》等。

王琳，作曲家，作曲系博士，师从叶小纲。曾留学德奥。作有室内乐《八音》《渴望者的秘密》《浮士德的微笑》等。

刘天琪（1996—），作曲家，河北省石家庄市人。2020级作曲硕士，

---

① 2014年获得第18届全国音乐作品比赛（民乐）文华奖优秀作品奖。

师从唐建平。作有室内乐《燎原》《燃点》，民族室内乐《临畔听鲤》《掷阄》《高山随想》，管乐队《暮色——曙光》，交响乐《白矮星》等。

孙兆余（1998—），作曲家，生于广东省深圳市。2021 级作曲硕士，师从杨勇。作有琴歌合乐《千古诗情》，胡琴三重奏《弦锁秋宵》，古琴独奏《丝路随想》，古琴协奏曲《长江叙怀》，室内乐《渭城雨》，钟鼓大乐《大乐永歌》等。

胡一轩（1998—），作曲家、音乐理论家。2020 届作曲硕士，汉堡音乐学院博士。

作品有：室内歌剧《调音师》，音乐剧《欧律狄刻》，电影音乐《余下都是春天》，室内乐《江河谣》，打击乐与电子音乐《The Starry Night（星夜）》，钢琴协奏曲《独歌》，管弦乐《宁》《吟唱》，民族管弦乐《暮鼓晨钟》等。

李晓萌，作曲家。2011 年，在意大利第十届唐·文森特·维蒂国际作曲比赛中，作曲系大四学生李晓萌的室内乐《家园》（Home）荣获一等奖，指导教师叶小纲。2012 年，她创作的钢琴曲《鼓》（Chinese Drums）在美国波士顿举行的金钥匙国际钢琴作曲比赛青年艺术家组中荣获第一名。

汪司玢，作曲家。2021 级作曲博士，师从叶小纲。作有钢琴独奏《梦中来》[①]，四位打击乐手《清醒梦者》，室内乐"Lucid Dream"，管弦乐《暴风之巅》《彝风情韵》等。

胡祉璇，作曲家。2021 级作曲博士，师从叶小纲。作有钢琴独奏《尼欧塔之影》，管弦乐《昆仑》《侠》等。

胡许愿（2001—），古筝演奏家、作曲家，艺名央央，生于浙江省湖州市。2024 级古筝硕士，师从袁莎。作有古筝曲《惊蛰》（吕亮编配）、

---

① 2018 年 10 月，长沙音韵钢琴作品创作大赛将第二名和第三名分别颁给了中央音乐学院的两名女同学：2016 级本科生李书琴（创作《花鼓小调》）和 2018 级硕士生汪司玢（创作《梦中来》）。

《盎然》、《天姥吟》、《剑器行》、《江东》、《一梦江湖》、《御剑江湖》、《春啊，来吧》等。

21世纪以来作曲女生数量和比例急剧增加（这一点完全不同于民国时期女作曲家数量上的凤毛麟角和相对于男作曲家的不成比例），很多作曲家本书无法一一介绍。比如2010年6月，人民音乐电子音像出版社出版发行的《中国青年作曲家电子音乐作品》选集（2009年第六届MUSICACOUSTICA–BEIJING电子音乐作曲比赛获奖作品选集）CD唱片中，包括庄妍、石宇加、金帆、杨雪①、李卉、李秋筱、董晓娇、王海旭、邓凤②、魏方夏、赵晓雨、金帆、伍茜、周梦茵、张恬、王熙皓、张野、冯金硕、李昱霖、周晴雯等人的作品。其中过半的作曲家是女性。

前面未提到的还有于佩琦、欧晨琛、王姿肖、杨慧冰、朱雨晴、杨青等众多本、硕、博毕业生，她们也都写有很多优秀作品，在此不一一介绍。

（二）中国音乐学院

徐晓琳（1944—2024），作曲家、音乐教育家，教授，曾任音乐教育系主任。生于重庆市。1966年毕业于四川音乐学院作曲系作曲专业。1983年任教于中国音乐学院。出版专著《美妙的曲式》《旋律写作基础》。丈夫邱大成是古筝演奏家、教育家，两人经常合作作品。

她的作品有：筝独奏曲《黔中赋》《花月调》《小河淌水幻想曲》《高山情》《石榴花开》《蜀乡风情组曲》（由《晨歌》《绣荷包》《赶场》《建昌月》《闹春》组成，邱大成、徐晓林曲），筝重奏曲《木兰从军》《文

---

① 2013年以论文《中国戏曲元素在四部中国电子音乐作品中的运用特色研究》取得硕士学位，导师张小夫。

② 2013年以论文《<傩面具>中电子音乐技法与"民族艺术元素"结合的探索》取得硕士学位，导师张小夫。

姬归汉》《黛玉葬花》《春归原野》，协奏曲《红河韵》《蜀籁——赠邱大成》，群筝与人声《忆故人》等。

王萃（1967—），作曲家、音乐教育家，教授、党委常委、副院长。2004届日本冲绳艺术大学作曲硕士。上海音乐学院2008届博士，论文为《武满彻和声技法研究》，师从樊祖荫。2009—2011年中央音乐学院博士后完成专项课题研究报告《20世纪下半叶以来中国作曲家作品的和声语言》，合作导师刘康华。

她的作品有：艺术歌曲《夏天的爱》、《咏月（苏轼水调歌头）》、《山路》（席慕蓉词）、《一棵开花的树》（席慕蓉词）、《月光》（杜志学词），清唱剧《遮不住的青山》（白玮编剧，徐占海、王萃曲），室内乐《古风》（为两支长笛、大提琴、钢琴而作）、《梁山意象》，《长笛协奏曲》（为长笛、三支长号、马林巴及二人组打击乐而作），管弦乐组曲《春·趣》等。

童颖（1981—），作曲家、音乐教育家，湖北省武汉市人，作曲系教师。中央音乐学院作曲系博士毕业，师从刘康华。博士学位论文《融古今于一炉——中国版〈大地之歌〉的音高结构研究》获"中国当代音乐作品和声论坛"优秀论文一等奖。

她作有艺术歌曲《风景》①（乔羽词），钢琴曲《菩提一·二》②等。

刘青（1974—），作曲家、音乐教育家，湖南省长沙市人，自幼随父刘毓麟学习音乐。作曲系教授，复调教研室主任。华人女作曲家协会副主席。2005级央音复调博士，师从于苏贤。著有《巴托克弦乐重奏曲复调研究》。她的音乐追求精致风格，在植根于深厚的中国传统音乐文化基础上，结合当代作曲技法，作品充满新意而不失动人情感，题材倾向于描述女性故事和对人生的沉思。

她的作品有：钢琴独奏《翩跹》，双钢琴《霓裳羽衣幻想曲》，大提

---

① 2002年获得第二届中国音乐金钟奖优秀歌曲奖。
② 2002年获中央音乐学院第三届"炎黄杯"作曲比赛钢琴作品奖。

琴和钢琴《茧》，箜篌与竖琴《点轨迹》，琵琶六重奏《惜惜盐》，木管五重奏《数列》，弓弦乐《敕勒歌》[①]，民乐与西洋乐七位演奏家《前奏曲与赋格》，弹拨乐合奏《跳月歌》，中西混合室内乐《凤·凰》，民乐室内乐《梦》《煞尾》，古筝协奏曲《入漫》，箜篌协奏曲《乐舞·翩跹》，《第一交响曲"天宫"》，管弦乐《南音随想》，交响曲《妈祖》等。

韩昕桐（1983—），作曲家、音乐教育家，作曲系副教授。日本东京艺术大学作曲硕士、中央音乐学院作曲博士。她的作品融合了东西方元素，在音乐形式与结构上和乐器特性与技术上不断探索，展现着深刻的主题与文化内涵。

其作品有：箜篌独奏《月影》《蝶舞》，《六首钢琴小品》，《第一弦乐四重奏》《第二弦乐四重奏》，室内乐《醉花阴》《响》《迷宫》《看见》，管弦乐《春晓》《爻》《追梦》《火种》《印痕》等。

商沛雷（1990—），作曲家、音乐教育家，作曲系教师。2017级德国汉堡音乐与戏剧学院作曲博士，师从曼弗雷德·斯丹克（Manfred Stahnke）、乔治·海杜（Georg Hajdu）、陈晓勇。她的作品注重对中华传统文化的深度挖掘和创新诠释，擅长通过音乐叙事构建戏剧性场景，巧妙融合民族元素与现代技法，展现丰富的情感表达和多样化的音乐形式。

她的作品有：艺术歌曲《梅雪之恋》（吴文凯词），长笛与钢琴"Yin"，管弦乐"Evolution"、《七彩的远方》、《弥新》、《寓言三则》、《八仙》、《儿童组曲》，室内乐《幻想曲》、"Variation""Unforeseen"《溯源》《荆楚情》[②]《九重天》，舞蹈音乐《我的筝儿我的孩儿》，室内歌剧《项链》等。

杨静（1983—），作曲家、音乐教育家，回族，作曲系副教授。

---

① 2010 年获得文化部（现文化和旅游部）"文化音乐作品创作奖"。
② 2013 年获得第九届中国音乐金钟奖器乐作品奖。

2011 级国音作曲系作品分析博士，师从高佳佳。2014 年成为上海音乐学院博士后，合作导师贾达群。著有《王西麟四部交响曲创作技法研究》。

其作有歌曲《水袖飘舞》，钢琴独奏《甘肃民歌主题变奏曲》，室内乐《a 小调弦乐四重奏》，交响曲《祁连山之春》等。

卞婧婧（1986—），作曲家、音乐教育家，满族，作曲系副教授。2014 届央音作曲系音乐分析博士。作有室内乐《凤凰城》《女子》，交响乐《坛城之音》等。

朱琳（1975—），作曲家、音乐教育家，作曲系教授。上海音乐学院博士，师从杨立青。博士论文《对珀·纽加德 1960 年代末至 1970 年代中期"层次化结构"技术的探究》荣获上海市教委、学位委员会颁发的优秀博士论文奖。她的作品力图通过不同视角将大家熟知的事物带入新的意象表达中。

她的作品有：民族弹拨乐《无词歌》，古筝独奏《江舟赋》，琵琶四重奏《芬芳》《仓才》，民族室内乐《度》，弦乐四重奏、打击乐与民族管乐队《田间五段景》，弹拨室内乐《采莲》，协奏曲《冬景》，管弦乐《幻想》《背影》，民族管弦乐《舞之光影》《侗乡》等。

谢文辉（1981—），作曲家、音乐教育家，作曲系副教授。国音作曲硕士，师从施万春。美国辛辛那提音乐学院作曲博士，师从约尔·霍夫曼（Joel Hoffman）。

她的作品有：钢琴曲"Space : for Prepared Piano"，室内乐"A.I.R"[①]，《打击乐与乐队《鼓瑟笙鸣——鼓乐》，民族室内乐《古韵的穿梭》，笙协奏曲《钟笙》，管弦乐《一缕阳光》《莫高窟·16》《2049:I》《2049:II》、"*Hi, Siri!*"、《拥有翅膀的她》等。

田景伦（1987—），作曲家、音乐教育家，作曲系讲师。2019 届中央音乐学院作曲博士，曾先后师从李黎夫、朱琳、刘湲和贾国平。其作

---

① 2019 年获得第 17 届全国音乐作品评奖室内乐作品三等奖。

品充满着对传统与现代元素的融合创新，不断尝试多元乐器与风格的形式探索，表现了深厚的人文情怀与时代主题。

她的作品有：《三句半——为独奏小提琴而作》《微小提琴协奏曲》、（六重奏）《千年》《对话——为琵琶与吉他二重奏而作》;（胡琴四重奏）《锦瑟》《时光以北——为二胡、扬琴与打击乐而作》、（古琴独奏曲）《凝语声歇》、（室内乐）《千年》;管弦乐《偏离》《浑象》《声纹》《盛世》《大噪》等。

王东旭（1990—），作曲家、音乐教育家，作曲系讲师。2019届中央音乐学院作曲博士，论文为《弗雷德里希·切尔哈〈三首管弦乐曲〉的创作研究》，师从阮昆申、秦文琛。

其作品有：合唱《槐花几时开》，双簧管独奏曲《秋雁》，室内乐《尼罗河畔的随想》《寄回欧登塞》《竹风》，民族管弦乐《达达塞》，管弦乐《待云雾散去》等。

孔奕（1981—），作曲家、音乐教育家，作曲系副教授。2005级央音视唱练耳硕士，师从赵方幸。

其作品有：艺术歌曲《一种结束》、大提琴曲《风雨归程》、小提琴曲《抚弦聆梦》①、弦乐四重奏《梦若微澜》、视唱练耳作品《二声部视唱曲》。

陈哲，作曲家、钢琴家、音乐教育家，中国音乐学院系钢琴艺术指导。2022级央音博士，师从郝维亚。

她的作品有：艺术歌曲《往事如烟》《送别》;筝与乐队《苍歌引》《本生纪》，筝独奏《逐日》《致筝童——独奏小品二首》，筝与打击乐《大武》;板胡与弦乐四重奏《青灯景》，胡琴四重奏《象雄迹响》，二胡与钢琴《归去来兮》;京胡与民族管弦乐队《紫禁丹宸》，琴、箫与民族管弦乐队《月下吟》，民族管弦乐《流水》，管弦乐《断章三则》，舞蹈音乐《寻找白露》《夜歌》等。

---

① 2003年获得中国音乐金钟奖小提琴作品奖银奖。

亓梦婕，作曲家、音乐教育家。中国乐派高精尖创新中心教师。国际计算机音乐协会副主席兼理事。中央音乐学院电子音乐作曲 2015 级博士，2019 年中央音乐学院博士后人工智能音乐博士后。

她的作品有：电子音乐《林冲夜奔》《通往克拉科夫之路》，新媒体音乐《呼吸》《钟鼓回响》，钢琴新媒体音画剧场《跳舞的巴赫》（电子音乐主创）等。

曹胜楠（1993—），作曲家、音乐教育家，作曲系教师。2020 级美国密苏里大学堪萨斯城音乐学院作曲系博士。作有室内乐《九尾》，管弦乐《花雨满天》，交响乐《森之图》等。

贾悦，作曲家，原名贾瑶，中国音乐学院附中教师。国音作曲系博士，师从高为杰。其作品有：小提琴独奏《女萝的狂想》、大提琴独奏《脸谱》①，古筝独奏《追风》（3 部），大提琴与钢琴二重奏《戏》，室内乐《喀纳斯的七月》《在那遥远的地方》，弹拨乐队《敦空·煌鸣》，打击乐《在雾中》，管弦乐作品《那拉提狂想曲》《塔布萨日的天空》。

（三）上海音乐学院

周温玉（1961—），作曲家、音乐教育家，作曲系视唱练耳教授。自幼学钢琴，1983 年考入上海音乐学院声乐系。艺术歌曲（女高音独唱）《你是谁——为 2020 抗击肺炎而作》、女高音独唱《盼你归》、男中音独唱《中国道路》，钢琴独奏《一条大河》等。

丁缨（1969—），作曲家、音乐教育家，教授。1993 年毕业于上海音乐学院作曲系。其作品有着深厚的民族音乐底蕴，同时又注意跨界融合与创新，情感深沉，富含戏剧张力。

她的作品有：艺术歌曲《云之泪》《天街小雨》，组歌《宇宙的种子》，

---

① 2005 年获得中国音乐金钟奖大提琴作品铜奖。

男中音与乐队《温柔的目光》，歌剧《康定情歌》①（李亭编剧，周湘林、丁缨曲），钢琴组曲《冬天的故事》，管弦乐《远去的记忆》，交响诗《沙汀烟树》，电视剧《新乱世佳人》配乐和《铁齿铜牙纪晓岚》片尾曲《百姓心中自有你》等。

娄鲲（1978—），作曲家、音乐教育家，作曲指挥系教师。上海音乐学院作曲博士。

她的作品有：无伴奏合唱《祂的慈爱永远长存》，室内乐《影子的生活》系列——包括《我的影子的一首歌》（为中音长笛）、《我的影子的一支舞》（为竖琴）、《练习曲——"自由"》（为钢琴）、《绿音》（为弦乐四重奏）、《叶落，叶落了》（为木管五重奏）等。

刘欢（1983—），作曲家、音乐教育家，作曲指挥系教师。2013年在德国柏林艺术大学作曲系取得"大师班文凭"，师从沃尔特·齐默尔曼（Walter Zimmermann）。

她作有室内乐《曦景》《呼啸的萤火》《吟唱的云歌》，管弦乐《两幅风景画》《竹林与水田》《狮子林》等。

周文婕（1984—），作曲家、音乐教育家，作曲指挥系教师。上海音乐学院博士，师从徐孟东。

她作有室内乐《听晓》《萦尘》，管弦乐《长调情》等。

叶思敏（1979—），作曲家、音乐教育家，作曲指挥系副教授、复调教研室主任。2016年取得高级复调理论博士学位，师从徐孟东。作有钢琴曲《赋格》等。

王瑞奇（1987—），作曲家、音乐教育家，作曲指挥系副教授。中央音乐学院作曲博士、德国汉堡国立音乐与戏剧大学作曲博士。

其作品有：室内乐《夸父追日》《线条：无中心·无延伸》《没有窗

---

① 该作品获得文旅部2022—2023年度"中国民族歌剧传承发展工程"重点扶持剧目、文旅部2023年中国歌剧节优秀剧目奖、教育部2023年度高校原创文化精品等荣誉。

户的房间》《来自内心深处的声音》《六幺》《花儿都到哪去了》，民族管弦乐《皖风引》等。

王甜甜（1983—），作曲家、音乐教育家，作曲系副教授。2013届上海音乐学院电子音乐作曲博士。

其作有单管编制乐队与实时电子音乐作品《远方的低语》，单簧管与弦乐四重奏《素履之往》，管弦乐《七月的梅葛》《先蚕丝语》等。

周倩，作曲家、音乐教育家，作曲系副教授。作有电子音乐《曲水鸣韵》《嬗》等。

缪薇薇（1982—），作曲家、音乐教育家、电子管风琴演奏家，音乐戏剧系讲师。2007届上海音乐学院作曲硕士。作有合唱《诗三则》，室内乐《花好月圆》，交响乐《玉之灵》等。

李嘉（1975—），作曲家、音乐教育家，音乐工程系副教授。华人女作曲家协会理事。作品常结合音乐素材和电子媒介处理，而产生独特的效果。著有《二十世纪音乐创作的同构思维》。

她作有女声与电子音乐"Yu—i—Ya"，古筝与电子音乐《邻动》，箫与电子音乐《幻舞》，手风琴与电子音乐《一和》，室内乐《征途》《城市节奏》，民族管弦乐《三国魂》等。

祁瑶（1973—），筝演奏家、作曲家、音乐教育家。民乐系副教授、弹拨教研室主任、华人女作曲家协会会员。1995年毕业于上海音乐学院筝专业。2009届作曲硕士，师从陈强斌、贾达群、朱世瑞。发行了《古筝与心灵的对话——青春枝》和《古筝入门》等唱片。

她的作品中西音乐语言相融合，有着鲜明的个性和形象，音乐表现手法上体现出较高的艺术水准。

她的作品有：筝曲《花篮谣》《江南春画》《渔·醉》，钢琴曲《渔歌》，竹笛曲《天唱》，室内乐《对话集》系列，民乐三重奏《玉兰》，古筝与弦乐四重奏《茶弥》，筝六重奏《飞花点翠》，筝协奏曲《茶弥》，三弦协奏曲《天韵》，为琵琶与大型交响乐队而作的《天歌》，管弦乐《声声慢》等。

秦毅（1981—），作曲家、琵琶演奏家、音乐教育家，音乐工程系副教授。上海音乐学院作曲、琵琶双学士和作曲硕士。

其作有合唱《盘歌》（秦毅词），评弹女声与室内乐《鸣鹤》，《书鼓——为琵琶与两位打击乐手而作》[①]，古琴、琵琶二重奏《醉渔唱晚》，四位竖笛演奏家《声影》，超媒体室内乐《雔》《翳》《MATE 鸟歌》，管弦乐《间奏曲》（2 首）等。

张晴，作曲家，继续教育学院教师，香港华人女作曲家协会会员。2010 届上海音乐学院作曲硕士，师从吕黄。作有琵琶独奏曲《黄鹤楼》[②]，琵琶协奏曲《黄鹤楼》，钢琴独奏曲《暗月》，室内乐《夜凉风幽》，管弦乐《兰亭序》[③]。

上海音乐学院培养的作曲女学生近年较活跃的有很多，如：

潘岚馨子，作曲家。2013 年，她在附中就读时以室内乐《上海印象·1930》获得文化部（现文化和旅游部）第 17 届全国音乐作品（合唱、室内乐）评奖室内乐作品组三等奖。

周嘉颖，作曲家。2022 级作曲博士，师从王建民。作有二胡与钢琴《蓝田》，琵琶与钢琴《绵绵》，室内乐《浩浩花火》，扬琴协奏曲《竹笑》，古筝协奏曲《踏香》，管弦乐《冰玉堂——在历史的暗明中穿梭》等。

李霓霞，作曲家。2020 级作曲博士，师从王建民。作有扬琴曲《歌弦》，琵琶八重奏《粉墨》，管弦乐《瑰梦》《南韵》等。

赵墨佳，古筝演奏家、作曲家。新艺民族室内乐团成员。上海音乐学院古筝表演博士，师从王蔚。2017 年曾获得第 11 届中国音乐金钟奖古筝表演奖。作有筝独奏《藓》《鱼戏》《粉墨》《越人歌》等。

---

① 2013 年获得第九届中国音乐金钟奖器乐作品最佳作品奖。

② 2004 年获得第四届中国音乐金钟奖铜奖。

③ 2009 年获得西班牙第二届"玛捷斯塔利亚"（Magistralia）国际女作曲家管弦乐作曲比赛首奖（唯一大奖）。

（四）武汉音乐学院

章琼，作曲家、音乐教育家，湖南省长沙市人，作曲系讲师。2004届武音作曲系硕士。

她的作品有：歌曲《金桂湖之恋》，小剧场歌剧《望江》，钢琴独奏《悲欣》，单簧管与弦乐四重奏《华严·观澜》，五重奏《中神的祭典》，民族室内乐《谣湘忆》，钢琴三重奏《戏码头》，二胡与民族室内乐队《哭嫁》，小提琴与室内乐队《香溪》等。

靳竞（1981—），作曲家、音乐教育家，陕西省西安市人，作曲系副教授。中央音乐学院作曲硕士，师从郭文景。英国伦敦大学国王学院作曲博士，师从乔治·本杰明（George Benjamin）、西尔维那·米尔斯坦（Silvina Milstein）。2006年任教于武汉音乐学院。

其作有大提琴独奏曲《寒山子于寒岩隐逸》《为独奏大提琴而作》，长笛、大提琴二重奏《俳》，五重奏《西风的故事》，钢琴三重奏《在海边，一幢房子还能做什么？》等。

罗林卡，作曲家、音乐教育家，作曲系教师。2009级上音作曲博士，师从杨立青、贾达群。2014年回武音作曲系任教。博士论文以《"渐进生长"的范式——杜蒂耶第二交响曲解剖》为名出版。

其作品有：女声无伴奏合唱《夜歌》[①]，小音乐剧《点灯贼》，弦乐四重奏《卡赞勒克》，小提琴、单簧管、钢琴三重奏《三身》，唢呐三重奏《晚归》，小提琴与钢琴《属对主的狂奔》，弦乐五重奏与颂钵《鹤》等。

胡晶莹（1991—），作曲家、音乐教育家，湖北省赤壁市人，作曲系教师。2018届中央音乐学院作曲硕士，师从郭文景。

---

① 2017年获得第7届湖北音乐金编钟奖声乐作品奖。

她的作品有：女声三重唱《领雀嘴鹎》①（胡晶莹词），合唱《次撮》②（胡晶莹词），竹笛与钢琴《飞花雨》，室内乐《涟之形》，弦乐四重奏《南音说俏》③ 等。

刘思齐（1991—），作曲家、音乐理论家、音乐教育家，湖南省冷水江市人，作曲系教师。中央音乐学院作曲博士，师从郝维亚，博士论文为《三重空间的对话——贝艾特·福瑞歌剧〈紫色的雪〉创作研究》。

她的作品有：歌曲《山鬼》④，合唱《沙漠中整洁的金色》，室内乐《沉钟》《巢》《夜雨》《蚁梦》，弦乐队《第四种疯狂》，交响乐《鱼腹中的三日三夜》⑤、"Awake"、《时光的投影》，民族管弦乐《柘溪水墨》，实验电子音乐《钟塔上的天空》等。

朱程程，指挥家、作曲家、音乐教育家，浙江省温州市人，作曲系教师。曼哈顿音乐学院交响乐与歌剧指挥博士。作有大提琴曲《不是探戈的探戈》（Not Tango! Tango!），管弦乐《一千零一夜组曲》（Arabian Nights Suite）等。

冯坚（1968—），作曲家、音乐教育家，作曲系副教授、计算机音乐创作研究中心主任。1998届武音计算机音乐硕士。作有《黑眼睛》《凡心》《阿美措歌谣》《灵魂像风》等。

夏孙惠美，作曲家、音乐教育家，作曲系教师。2023届美国俄勒冈大学音乐舞蹈学院数据驱动乐器演奏博士。

她作有歌曲《东方中国》⑥（梁和平词），电子音乐作品《宇宙的中

---

① 2014年获得第9届中国音乐金钟奖声乐作品最佳作品奖。
② 2019年获得第17届全国音乐作品（合唱作品）评奖三等奖。
③ 2014年获得第9届中国音乐金钟奖器乐作品最佳作品奖。
④ 2013年获得第1届中国－东盟音乐周作曲比赛三等奖。
⑤ 2019年获得日本武满彻国际作曲比赛二等奖。
⑥ 2017年获得第七届湖北音乐金编钟奖声乐作品奖。

心——为两个任天堂 Wiimote 控制器和 Kyma 而作》《从火焰中升起——为木桌、接触式麦克风和 Kyma 而作》等。

刘涓涓（1975—），作曲家、音乐教育家，作曲系副教授、副主任。2005 届武汉音乐学院作曲技术理论硕士。作有艺术歌曲《小桥柳》，无伴奏合唱《〈诗经〉五首》，为女高音和六位演奏者而作的《灵之歌》等。

丁冰（1972—），作曲家、音乐教育家，湖北省武汉市人，作曲系讲师。2010 届武汉音乐学院作曲硕士。

她的作品有：钢琴组曲《孩提梦》《荆棘鸟》，长笛曲《美丽的西域少女》，第一弦乐四重奏《音色、节奏的跳动》，第二弦乐四重奏《痕迹》，双大提琴曲《涉江序列变奏曲》，钢琴三重奏《夜之舞》，室内乐《荆楚画页》，大提琴四重奏《深海》，木管五重奏《赋格曲》，小型乐队《那远方的山寨》，交响序曲《森林日记》等。

李丽娜，作曲家、音乐教育家，作曲系视唱练耳教研室主任。莫斯科音乐学院音乐理论博士。

她的作品有：合唱《音阶与视唱》①，（改编）双钢琴与合唱《牧神午后》②，《爵士风格视唱》《调性二声部视唱》③ 等。

冯瑶（1989—），作曲家、钢琴家、音乐教育家，作曲系教师。中央音乐学院作曲系视唱练耳硕士。作有单声部视唱与钢琴《涟漪》④ 等。

刘文佳（1985—），古筝演奏家、作曲家、音乐教育家，生于江苏省徐州市。中乐系副教授。中央音乐学院 2007 级古筝硕士。作有《碎

---

① 获得 2008 年全国艺术高校视唱练耳改编＆创作＆演唱大赛教师创作组大奖。
② 获得 2008 年全国艺术高校视唱练耳改编＆创作＆演唱大赛教师改编组大奖。
③ 获得 2008 年全国艺术高校视唱练耳改编＆创作＆演唱大赛教师创作组优秀奖。
④ 获得 2008 年全国艺术高校视唱练耳改编＆创作＆演唱大赛学生创作组优秀奖。

影》①（古筝独奏）、《肖像三首》②（古筝独奏）、《阑隐花珊》③（古筝与管弦乐队）、《熔》（古筝与舞蹈）、《水墨淡彩》（两架古筝的对话）。

（五）四川音乐学院

李浣，作曲家、音乐教育家，作曲系讲师。英国圣安德鲁斯大学作曲和音乐艺术双博士。作有《彩之歌》（为长笛、小提琴、大提琴、钢琴而作）等。

刘奇琦，作曲家、音乐教育家，作曲系副教授。先后师从黄虎威、宋名筑、陈怡、周龙。作品追求古典与现代的融合，并关注受众的感受。

她的作品有：独唱《挚爱》（周思源词），大型交响合唱《蜀道组歌》之《三国往事》，钢鼓重奏《汆》，钢琴与乐队 Dimension，小提琴与钢琴《戏趣》，单簧管四重奏《戏趣二折》，（三幕）声音舞台剧 Meet，《这个世界的声音太多了》（为长笛、钢琴和弦乐四重奏而作），琵琶曲《万象镜花》，器乐合奏《巾帼赞》，管弦乐《换影》等。

毛竹（1981—），作曲家、音乐教育家，四川省成都市人，作曲系副教授。2006 届四川音乐学院硕士，曾师从黄虎威、杨晓忠、邹向平。

她的作品有：钢琴独奏《游戏歌谣》，钢琴与乐队 KOTEKAN④，室内乐《九九归一》，钢鼓重奏《上海童谣》，单簧管与打击乐《皮影》，《居里寺的红》（为小提琴、单簧管、钢琴而作），小型民族乐队《号子悠悠》，阮、筝与民族室内乐《遥想苏幕遮》，五重奏《停云》，三重奏《空谷回声》，器乐合奏《天边最亮的星》等。

杨华，作曲家、生物医学工程专家、音乐教育家，作曲系教授、副

---

① 2004 年获得中央音乐学院第三届天天艺术杯民族器乐观摩赛新作品创作二等奖。
② 包括Ⅰ.《感叹！生命如此猛烈》，Ⅱ.《兰花指》，Ⅲ.《良辰·美景·虚设》。
③ 2005 年获得第五届中国音乐金钟奖作品奖银奖，谢鹏创作管弦乐部分。
④ 2008 年荣获美国 "Doug Wallace Percussion LLC." 举办的 "Doug Wallace Percussion 2008" 打击乐作品作曲比赛打击乐合奏作品组第一名。

主任。四川音乐学院作曲硕士，电子科技大学生物医学工程博士。作有女高音独唱《窑洞里的灯光》（左芝兰词），羌笛与民族室内乐团《山巅的萨朗》，大型交响组曲《红色丰碑》之《赤水河怀想》，舞剧《大熊猫》等。

刁力力（1983—），作曲家、音乐教育家，作曲系教师。2021 级中国音乐学院作曲博士。

她的作品有：歌曲《诺苏耶莫》（王晋川词，刁力力、刁继承曲），童声合唱《花儿跟着太阳走》[①]（王晋川词，刁继承、刁力力曲），人声与打击乐《唤山》[②]，管弦乐《诺苏掠影·鸟祭》《诺苏掠影·火》等。

方芳（1984—），作曲家、音乐教育家，生于四川省成都市，作曲系教师。英国伯明翰音乐学院作曲系 2016 届博士。

她的作品有：男中音独唱《风雨桥》，为双混声合唱队而作"SELUO"，钢琴组曲《音画素描》，弦乐四重奏《杨柳晓风残月》，羌笛、大提琴、箫三重奏《绿·蓝》，为四件乐器及乐队而作《萌》，管弦乐《丰收之舞》等。

陶辚竹，唱作人、音乐教育家，通俗音乐学院教师。发行有唱作专辑《等风来》《新小调情歌》和很多原创单曲。

（六）天津音乐学院

任丹丹（1982—），作曲家、音乐教育家，作曲指挥系讲师。2011届中国音乐学院作曲博士，师从权吉浩。

其作品有：室内乐《三十里铺主题变奏》，交响曲《木棉树下》[③]，大型交响套曲《礼赞新时代，奋进新征程》第二乐章（双大提琴与乐队）等。

---

① 2006 年获得四川省第 5 届少数民族艺术节音乐创作二等奖。

② 2006 年获得四川省第 5 届少数民族艺术节音乐创作一等奖。

③ 2012 年获得文化部（现文化和旅游部）第 16 届全国音乐作品（交响乐）评奖三等奖。

刚妍（1990—），作曲家、音乐教育家，作曲指挥系教师。2020 届中央音乐学院博士。

她的作品有：室内歌剧《要求很多的餐厅》，手风琴独奏《戈壁·海》[1]，萨克斯与钢琴《持续不断的律动》，为中提琴与钢琴而作《月牙莫高》，弦乐四重奏《沉寂的启示》，民族室内乐《绸之念》[2]《丝路故事》，管弦乐《迁徙》《月照银山》等。

宫晓霞（1974—），作曲家、音乐教育家，作曲系副教授、作曲技术理论教研室主任。2000 年天津音乐学院现代和声硕士，师从姚盛昌。

她的作品有：歌曲《风》《问》《春雨的故事》《心灵的琴弦》等，钢琴组曲《山川之恋》《第一弦乐四重奏》，小型室内乐《山鬼》，巴扬手风琴独奏《京韵》等。

刘音彤，作曲家、音乐教育家，作曲指挥系教师。2021 届美国密苏里大学堪萨斯城音乐舞蹈学院作曲博士，师从陈怡、周龙、尤塔姆·哈伯（Yotam Haber）。出版有音响专辑《刘音彤作品选》。

她的作品有：手风琴独奏《锣鼓铮铮》，小提琴与钢琴二重奏《祭Ⅱ》[3]，管弦乐《山海关》《通道转兵》等。

（七）西安音乐学院

符译文（1976—），作曲家、音乐教育家，作曲系副教授。2011 届上海音乐学院作曲系博士，出版《希曼诺夫斯基第四交响曲创作技法分析》。

她的作品有：女高音独唱《长安月色》《长安春韵》（彭健词），室内乐《折桂令》（为琵琶、中阮、古筝、低音提琴与打击乐而作）、《长

---

[1] 2021 年获得第 2 届"中国风"国际手风琴作曲大赛第一名。
[2] 2013 年获得第 9 届中国音乐金钟奖器乐作品优秀作品奖。
[3] 2019 年获得美国 UMKC 室内乐作曲比赛一等奖。

笛与弦乐四重奏》、《琵琶、双簧管、大提琴与钢琴四重奏》，琵琶与管弦乐队《厚土》，管弦乐《丝路掠影》等。

龚佩燕（1972—），作曲家、音乐教育家，作曲系教授。作品注重民族性与复调技术的有机结合运用，旋律优美，多声部处理丰富而巧妙。

其作品有：歌曲《蓝月亮》①（龚佩燕词）、《一剪梅》（李清照词）、《长安月》②（李宏天词）、《乐游原遐思》（薛保勤词），无伴奏合唱《走西口》，大提琴与钢琴《引子与回旋》，琵琶、人声、双排键与打击乐《祈》，手风琴与双排键《旋》，黑管、小提琴、大提琴、钢琴《四重奏》、《第一弦乐四重奏》，声乐、小提琴、大提琴与打击乐《感》，笙五重奏《塬》，交响诗《轩辕祭》等。

刘琨，作曲家、音乐教育家，作曲系教师。上海音乐学院作曲博士。著有《作曲技法、观念与思维——萨莉亚霍三部管弦乐代表作研究》。

其作品有：钢琴独奏《高山上的寺庙》，室内乐《那一片天空》《〈阿戍堆的风景〉的风景》，混合室内乐《释放》《嫽响》③，管弦乐《亦初》等。

雒鹏翔（1986—），作曲家、音乐教育家，作曲系教师。2013级中国音乐学院作曲系博士，师从赵季平。著有《用音乐铸造的"悲剧精神"——论王西麟的音乐创作》（上下册）。

其作品有：混声合唱《丝路上的月光》，室内乐《碧竹风影》《空谷幽兰》《毕摩》《雨霖铃》《九图的声音》，大提琴协奏曲《青川河》，古琴协奏曲《灞柳风雪》，民族管弦乐《九个太阳》《上古之音》，交响乐《路漫漫》等。

宋小朱（1971—），作曲家、音乐教育家，陕西省西安市人，作曲系教授，作曲硕士。著有《作曲的基本原理与传统创作方法研究》。

---

① 2009年获得全国优秀流行歌曲创作大赛优秀奖。
② 另一版本为《夜长安》。
③ 2017年中国唱片总公司出版发行。

她的作品有：艺术歌曲《大海的痴情》《凤栖梧》，无伴奏混声合唱《送情郎》，钢琴曲《前奏曲与赋格Ⅰ》《前奏曲与赋格Ⅱ》，《第一弦乐四重奏》，《木管五重奏》，钢琴三重奏《天境·秋思》，交响音画《夏历五月初十的晨雾》等。

吴延，作曲家、音乐教育家，作曲系教授、党总支副书记、副主任、作曲教研室主任。西安音乐学院硕士，师从饶余燕。

她的作品有：歌曲《兵马俑》（丁留强词）、《托起梦想的太阳》（李宝杰词）、《一剪梅》（李清照词），无伴奏混声合唱《蓝花花》，钢琴曲《前奏曲与赋格（一）》《前奏曲与赋格（二）》《山林之舞》，手风琴曲《茉莉花》，手风琴与室内乐《韵》，室内乐《和》，唢呐与管弦乐队《黄河情》，交响序曲《焦点》，管弦乐《中轴》等。

赵海花（1973—），作曲家、音乐教育家，作曲系副教授。1996届西安音乐学院作曲系本科。

其作品有：歌曲《牢记人民是靠山》、《一望二三里》（元·徐再思词）、《爱莲说》（女高音独唱），钢琴独奏《嬉戏》，竹笛二重奏《春满长安》，钢琴三重奏《塬》，四重奏《圆号与三件弦乐》等。

张园园，作曲家、钢琴演奏家、音乐教育家，生于陕西省西安市，作曲系教师。取得了德国不来梅艺术大学作曲专业演奏家文凭。

其作品有：抗疫歌曲《难忘的眼睛》，混声合唱《敕勒歌》，室内乐《去往》《消散的瞬间》，为女声、笛子、古筝、大提琴与打击乐而作《月下独酌》，为笛子与古筝而作《远古踏来》，为二支笛子、琵琶、筝与二胡而作《空际》，民族室内乐《回望长安》等。

周媛，作曲家、音乐教育家，现代音乐学院副教授、艺术与科技教研部主任。上海音乐学院电子声学音乐中心电子音乐作曲专业2006级硕士，师从杨立青、安承弼。

其作品有：《琉璃》（为大提琴和电子音乐而作 / 5.1 多声道系统）[①]、《第一次》《北方的歌》等。

（八）星海音乐学院

王阿毛，作曲家、音乐教育家，作曲系教师。美国密苏里大学堪萨斯城音乐舞蹈学院 2016 届博士，师从陈怡、周龙、詹姆斯·莫伯里（James Mobberley）。

她的作品有：钢琴曲《生旦净末丑》，琵琶独奏《关帝云长》[②]，头弦与乐队《平仄弦趣》，管弦乐《戏中角色》《飞雨晴空》，交响乐《画音藏域》等。

李彦汶（1983—），作曲家，作曲系教师、作曲教研室主任。广州美术学院外聘副教授。中央音乐学院作曲博士，师从杜鸣心、施万春。她指导的学生赵荻（2013 级硕士）的管风琴独奏作品《暗潮》荣获 2017 年意大利 ALEA 国际管风琴作曲比赛第一名的佳绩。

她的作品有：歌曲《始兴始兴》（谢昌晶词），（清华大学新雅学院院歌）合唱《新雅序曲》（陈潇宁词），室内乐《大有》《通》《宏》《风》，现场交互电子音乐《听茶》《东》《梦逅》《几多》，烟火音乐《自然颂》（2014 北京 APEC 会议开幕式），电子音乐《听茶》，管弦乐《火药》《普米哩哩》《泡泡糖交响诗》，舞剧《青花雨》等。

胡玥，作曲家、音乐教育家，作曲系教师、配器与作品分析教研室主任。2015 届中央音乐学院作曲博士，论文为《当代美国作曲家卿纳瑞·昂管弦乐创作研究——以〈内心的声音〉等乐队作品为例》[③]。

她的主要作品有：钢琴独奏《月满天心》，民乐重奏《弦管五阙》，

[①] 荣获 2008 年（法国）第 35 届 Bourges 国际电子音乐比赛大奖。
[②] 获得 2017 年"敦煌杯"琵琶作品独奏新作品展评金奖。
[③] 2017 年以《美国当代作曲家卿纳瑞·昂管弦乐创作研究：以＜内心的声音＞等乐队作品为例》之名由人民音乐出版社出版。

室内乐《心潮》《芦笙舞》《日暮秋江图》《私语》《女书人的雫辄》，唢呐与打击乐《心潮》，管弦乐《呼唤》《远古的回声》等。

陈艺峤，作曲家、唱作人、音乐教育家，艺名小峤，作曲系副教授。德国驻广州领事馆亚洲文化大使。广州青年爵士乐团创始人。2007级星海音乐学院作曲硕士，师从任达敏。

其作品有：歌曲《渔家女》《桃花流水》，个人演唱原创作品专辑《二沙岛的夜雨》①，合唱组曲《梦中的香格里拉》，钢琴独奏《西行日记》，钢琴组曲《湖》，室内乐《定情》，爵士铜管乐《落雨大》，民族管弦乐《战城南》，大型民俗音画舞剧《金布银贴》，电影音乐《蔡李佛宗师》等。

江雪（1984—），作曲家、音乐教育家，作曲系教师、青年教师及实践教研部主任。2013届中国音乐学院作曲博士，师从权吉浩。华人女作曲家协会会员。

其作品有：室内乐《琴·韵——为一把小提琴而作》②《绿云红雨映庭深》，古筝与二胡《林中雾语》，古筝与打击乐《暖·溪》，双筝重奏《河畔秋语》，四把古筝与弦乐四重奏《漫步花溪》，三重奏《草原即景》，交响乐《墨·意》③等。

戴德，作曲家、钢琴家、音乐教育家，作曲系教师。2000年毕业于星海音乐学院并留校任教。获英国皇家音乐学院音乐考级钢琴演奏家文凭及教师文凭。

其作品有：歌曲《江城子——忆》《人间四月天》，曲笛、高胡、打击乐《忘却的美》，钢琴曲《平原变奏曲》《男孩和树——儿童组曲》，《十月钢琴组曲》，双钢琴《灰姑娘——儿童组曲》，钢琴三重奏《女孩和鞋

---

① 包括的曲目有：《奇迹》（谭畅词）、《夜雨》（徐再思、千夫长词）、《风送梅花过小桥》（赵宏显、千夫长词）、《秋叶》（小峤词，法国民歌）、"Do You Remember"（继伟词）、《胜负》（继伟词曲，小峤编曲）。

② 2019年获得第17届全国音乐作品（合唱、室内乐）评奖室内乐作品组优秀奖。

③ 2012年获得第16届全国音乐作品（交响乐）评奖小型作品组三等奖。

带——儿童组曲》，弦乐四重奏《夜曲》、高胡与弦乐四重奏《思凡》，民乐三重奏《忆》等。

（九）沈阳音乐学院

陈思（1982—），作曲家、音乐教育家，作曲系副教授。中央音乐学院作曲博士，师从叶小纲。

其作品有：歌曲《同舟共济》，室内乐作品《对歌》《窗花舞》，管弦乐《炁之光》等。

翟纬经（1983—），作曲家、音乐教育家，作曲系教师，辽宁省沈阳市人。中央音乐学院复调博士，师从于苏贤。

其作品有：歌曲《最可爱的人》，八重唱"Ostinato"，合唱《榜样》《祈祷阳光》《幸福花开》，《复调钢琴小品集》（18首），舞蹈配乐《骑士舞》等。

付莉（1987—），作曲家、音乐教育家，作曲系副教授。中央音乐学院2018届作曲博士，师从秦文琛。中央音乐学院音乐学研究所博士后。

其作品有：抗疫歌曲《献给白衣天使》（付莉词），室内歌剧《传说》，大提琴独奏《菩提》，室内乐"Forgetting"①，管弦乐《孔雀》等。

吴尘（1987—），作曲家、音乐教育家，作曲系教师。上海音乐学院2017届作曲博士，曾师从杨立青、徐孟东。

其作品有：艺术歌曲《辉煌大路锦绣彩带》（胡宏伟词），人声与室内乐《金雀钗》，室内乐《影迹》《双人舞》《猜调》《日本印象》《漠·色》，管弦乐《三秦随想》《风夜·星辰》《雪中暮光》《我们走在大路上》《耀熠中华》等。

---

① 2017年获得第七届意大利纪念朱佩塞·拉奇蒂国际音乐作曲比赛B组作曲比赛一等奖。

王姝蕴，作曲家、音乐教育家，作曲系教师。中央音乐学院 2019 届博士，师从秦文琛。

她的作品有：室内乐《九月圣歌》《春归》，管弦乐《冬之望》等。

徐维雅（1983—），作曲家、音乐教育家，附中理论学科教师。沈阳音乐学院 2010 届作曲硕士，师从王进。

她的作品有：室内乐《悸》，（合作）管弦乐组曲《征程》（刘旭娜、徐维雅、陈旭曲）等。

刘旭娜（1979—），作曲家、音乐教育家。附中理论学科主任。

她的作品有：艺术歌曲《渡口》（席慕蓉词）、《花开的声音》（杨舜涛词），管弦乐《九一八随想曲》，（合作）管弦乐组曲《征程》（刘旭娜、徐维雅、陈旭曲）等。

（十）浙江音乐学院

庞莉（1975—）作曲家、音乐教育家，作曲与指挥系副教授。南京艺术学院 2009 届作曲博士，论文为《克热内克弦乐四重奏中的十二音技法研究》，师从邹建平。

她的主要作品有：艺术歌曲《山里的女人》《塞北红豆》，小提琴独奏《草原印象》，钢琴独奏《童谣三首》，二胡与钢琴《戏的印象》，单簧管二重奏《无题》，钢琴三重奏《童趣》《火焰》，萨克斯管四重奏《对鸟》，小提琴与钢琴《呼麦》等。

李珺（1981—），作曲家、音乐教育家，作曲与指挥系副教授。上海音乐学院作曲博士。

她的作品有：钢琴独奏《叶》[①]，小提琴独奏《昕》，钢琴三重奏《脚步》，扬琴与室内乐《山鸣涧》，鼓乐与男声合唱《大地回响》（李俊伟词），民族管弦乐《蕴》等。

---

① 2011 年获得第八届中国音乐金钟奖钢琴作品优秀奖。

张昕，作曲家、音乐教育家，甘肃省兰州市人，作曲与指挥系副教授。上海音乐学院 2013 届作曲博士，师从徐孟东。

她的作品有：歌曲《心中那首澎湃的歌》（王永昌词），（合作）歌剧《国之歌》（陶国芬编剧，张昕、朱慧曲），室内乐《听风》《牧歌》[1]《思·云》[2]，钢琴三重奏《风恋波》，钢琴与打击乐《乐之流》，双钢琴与打击乐《幻石Ⅱ》，笙、琵琶、古筝、打击乐《秋池》，视听跨界融合室内乐《富春音谷》，交响乐《幻石》，现代舞剧《狂人的物理情绪》，跨界现代舞剧《渔樵耕读》等。

朱慧（1980—），作曲家、音乐教育家，作曲与指挥系副教授，生于内蒙古自治区呼和浩特市。上海音乐学院 2012 届作曲博士，师从贾达群。

她的作品有：歌剧《国之歌》（陶国芬编剧，张昕、朱慧曲），室内乐《水龙吟》《送亲》《孤寂的山响》《黄色的山峰》《塞外印象》《山居秋暝》《水·玉·山》，钢琴三重奏《淋风夜雨荷上行》，弦乐四重奏《敖包之梦》，萨克斯管重奏与打击乐《云锦湖碧》，钢琴与管弦乐队《希望》等。

张泽艺，作曲家、音乐教育家，作曲与指挥系副教授、作曲教研室主任。上海音乐学院 2012 届作曲博士，师从杨立青。

她的作品有：歌曲《幸福钱塘》（张泽艺词，张泽艺、姜微曲），艺术歌曲《诗品三章——湖上、望江南·闲梦远、忆江南》（徐元杰、李煜、白居易词），无伴奏混声合唱《祖国，你花开的样子真美》（无边词）；钢琴三重奏《绽放》，室内乐《回廊》《临安夜雨》，长笛、中提琴、钢琴《记忆的轮廓》，小号与钢琴《守望》，大型管弦乐《景·Ⅲ》等。

张莹，作曲家、音乐教育家，作曲系副教授、硕导。上海音乐学院 2014 届作曲博士，师从赵晓生。

其作品有：钢琴变奏曲《流云》，双钢琴《云之深处——采茶》，室

---

[1] 2013 年获得第九届中国音乐金钟奖器乐作品优秀奖。
[2] 2015 年获得第十届中国音乐金钟奖器乐作品优秀奖。

内乐《六板新编》《镜中窗》《艾菲索斯的黄昏》，弦乐四重奏《天运》《微尘》，钢琴三重奏《黑白子》，管弦乐《云溪画境》，民族管弦乐组曲《钱塘江音画》之三——二胡协奏曲《生生不已》等。

刘冷妮（1983—），作曲家、音乐教育家，戏剧系教师。2010年毕业于中央音乐学院作曲系。

其作品有：歌曲《月夜》，室内歌剧《良渚·盟誓》；小提琴独奏《舞！舞！！》[1]，室内乐《越调》等。

李秋筱（1985—），作曲家、音乐教育家，音乐工程系副教授、音乐科技教研室主任。中央音乐学院电子音乐中心2015届电子音乐作曲博士，师从张小夫。

其作品有：《玄兔·弄潮》（为长笛、萨克斯管、钢琴与打击乐而作）、钢琴与其他乐器重奏三首《愿景》（包括《影零乱》《喜歌》《水清清》）等。

李秋筱指导的在读硕士生张懿楠的作品《她的初恋乐园》曾获得2018年中国大学生计算机设计大赛音乐创作类一等奖。张懿楠还作有《烩煮人间》《再生》《雨－滴》等作品。

其他教师包括其近作还有于海英的扬琴独奏《太极》和民乐小合奏《铭心》，李艺花[2]的室内乐《山哈歌言》，申玉晶的笙独奏《莫干》等。

（十一）哈尔滨音乐学院

曾岩（1980—），作曲家、音乐教育家，教授。哈尔滨音乐学院2018届作曲博士，论文为《杰尼索夫三部协奏曲技法研究》，师从贾达群。著有《二十世纪早期调性奏鸣曲式研究——以巴伯〈钢琴协奏曲〉op.38第一乐章为例》。

其主要作品有：歌曲《找回真的我》《人生不必急》《艺心艺梦》《春

---

[1] 2003年获得第三届中国音乐金钟奖作品奖小提琴作品铜奖。
[2] 李艺花，管风琴演奏家、教育家。辽宁省沈阳市人。

色》，木管五重奏《长干行》《大提琴与钢琴的对话》，室内乐《流沙的色彩》等。

姜克美（1965—），胡琴演奏家、作曲家、音乐教育家，民乐系主任、特聘教授、国家一级演员，生于辽宁省沈阳市。1988年毕业于中央音乐学院民乐系。出版的专辑有《京风》《中国板胡》《胡琴轻音乐》等。作有板胡与乐队《桃花红》（沈丹、姜克美曲）、板胡与扬琴《山妹》（沈丹、姜克美曲）等。

臧婷，作曲家，哈尔滨音乐学院作曲系复调博士。作有女声独唱《希望》（何春生词），弦乐四重奏《中国花之舞》，室内乐《丝路之光》，民族管弦乐《春之舞》，交响乐《逐梦》等。

（十二）南京艺术学院

周杨（1981—），作曲家、音乐教育家、钢琴家，音乐学院作曲系讲师。上海音乐学院2019届作曲博士，论文为《于京君管弦乐作品创作研究——以其三部作品为例》，师从杨立青、徐孟东。

她的作品有：（女高音）艺术歌曲《山中》[①]（徐志摩词），钢琴小品《空谷幽兰》，弦乐四重奏《风合合缠》，室内乐组曲《无风》，《闲亭序》—为长笛、中提琴和定音鼓而作，《恒》——为两个弦乐队、长笛、打击乐和混声合唱而作，民族管弦乐《天净沙》，管弦乐组曲《言语集》等。

程璐璐（1977—），作曲家、音乐教育家，江苏省南京市人，音乐学院副教授。南京艺术学院音乐学院2004届作曲硕士，论文为《当代筝曲的创新意识及其表现手法》，师从王建民。

她的作品有：艺术歌曲《鸟鸣涧》（为昆曲老生、箫与钢琴而作）、

---

① 2000年获得首届全国艺术院校艺术歌曲创作比赛一等奖。曲作者担任伴奏同时获得最佳伴奏奖。2001年获得首届中国音乐金钟奖歌曲创作铜奖。

《赠汪伦》（男高音）、《商山早行》（男高音）、《春日》（女高音），古筝独奏曲《柳》[①]，民族室内乐《无题》（为京胡、琵琶、笛子、古筝与打击乐而作）等。

詹倩（1988—），古筝演奏家、作曲家、音乐教育家，南京艺术学院音乐学院2013届古筝硕士，论文为《筝曲〈玲珑剔透〉的演奏艺术分析》，师从阎爱华[②]。出版了《詹倩改编流行筝曲》（1–3）、《花韵筝容——詹倩古筝编配作品集》（一）、《花韵筝容——古筝编配作品集》（二）。

她的作品有：古筝独奏《蝶韵花飞》《醉连环》，《韶华丹青》（古筝三重奏与打击乐）、《馥影》（古筝三重奏与大提琴）等。

（十三）新疆艺术学院

关丽琼（1983—），作曲家、音乐教育家，讲师。中央音乐学院作曲系2018届电子音乐作曲博士。作有艺术歌曲《乡情如歌》，电子音乐《喀纳斯湖畔·四个音乐瞬间》《塔里木河的记忆》等。

（十四）广西艺术学院

丁铃（1977—），作曲家、音乐教育家，壮族，北京市人，音乐学院作曲系教授。5岁学钢琴，自幼随父亲丁丕业学习作曲。广西艺术学院作曲硕士，师从梁甫基。

其作品有：歌曲《母校》（林间词）、《小河淌水的地方》（金鸿为词）、《在一起》（周阳明词），声乐套曲《花间浅唱（一）》，无伴奏合唱《老友》（黄道伟词），古筝独奏《海韵》，新民乐《故乡的春天》，钢琴独奏《花竹帽》《夜歌》、（组曲）《铜鼓之梦》，长号、钢琴与打击乐《铜鼓魂》，

[①] 2003年获得江苏省首届中小型声乐、器乐创作比赛一等奖。

[②] 南京艺术学院教授阎爱华（1953—）与其老师涂永梅（男，古筝演奏家）合作了筝独奏《天京抒怀》（涂永梅、阎爱华曲）。阎爱华曲作还有筝歌《初心》（赵玎玎词）等。

《第一弦乐四重奏》，钢琴五重奏《大歌声声》，室内乐《忆》，交响乐《太平天国》，舞蹈音乐《东坡忆》等。

戴丽霞（1980—），作曲家、音乐教育家，生于广西壮族自治区梧州市，音乐学院作曲系教授。

其作品有：歌曲《我要去花山》（若舟词）、《想找山歌妹》（梁绍武词），艺术歌曲《妹是那飘来的五彩霞》（贾玉章词），钢琴独奏《山寨欢歌》①《前奏曲与赋格》《八音戏鼓》《山村变奏曲》，室内乐《山村赋格》②《边寨之夜》《壮寨歌圩》《壮寨音迹》③《壮韵》《山寨组曲》，手风琴独奏《变奏曲》，二胡独奏《壮乡律韵》，民乐重奏《壮寨音韵》《壮寨青山、壮寨水》。

戴丽霞指导的女学生（在校时）作品有陈美好的钢琴独奏《渔间》，刘洺希的《摇篮随想》，吴恩琳的《狮魂起舞》《月光光变奏曲》、（合唱）《龙舟英魂》等。

邱玉兰，作曲家、音乐教育家，音乐学院副教授、作曲系主任。广西艺术学院音乐系 1999 届毕业并留校任教。出版《走在山水间——广西民歌风格钢琴曲》。

其作品有：艺术歌曲《火炬》《在家乡》（梁绍武词），大型交响合唱《壮天歌》（梁绍武词），钢琴独奏《山歌的速度与激情》《山歌·火焰·烈酒》《山谷日出》《雨中罗城》《月色·海岛·琴声》《水上船歌》《醉龙舟》《蝶之舞》《日思夜想》《五月蝉鸣》，室内乐《青莲赋》（为长笛、单簧管、钢琴而作）、《风吹木叶与行舟号子》等。

刘睿，作曲家、音乐教育家，音乐学院作曲系教师，中国 – 东盟当代乐团驻团作曲家。韩国祥明大学 2022 届作曲博士。

她的作品有：声乐套曲《画外有清音》（陈玉圃词）；钢琴独奏《沂

---

① 2013 年获得第 17 届全国音乐作品（合唱、室内乐）评奖三等奖。
② 2008 年获得第 14 届全国音乐作品（合唱、室内乐）评奖优秀奖。
③ 组曲《壮寨唧唧》第一乐章。

蒙追忆》，长笛独奏《惊蛰》，室内乐《谐谑曲——为长笛与钢琴而作》《山歌·回忆——为单簧管、小提琴与钢琴而作》等。

易俏（1984—），作曲家、音乐教育家，湖南省醴陵市人。音乐学院作曲系讲师。广西艺术学院音乐学院2006级作曲硕士。

她的作品有：钢琴独奏《侗族大歌》，木管五重奏《苗山情》，弦乐四重奏《山寨风情》，《小提琴与钢琴二重奏》等。

吴丽云（1979—），作曲家、音乐教育家，苗族，贵州省凯里市人。音乐学院作曲系讲师。中国音乐学院作曲系2004届作曲本科。著有《钢琴即兴伴奏与爵士风格表现》。

她的作品有：艺术歌曲《明月心》《流传》，歌曲《梦里夜郎》《我的心丢了》（丁时光词）、《啊，是你！》《漓水丹青》《西江夜曲》（李顺骅词）、《苗家阿妹》《漓江画山九马》（林克武词），合唱《今夜竹楼静悄悄》（卫保群词），钢琴独奏《小回旋曲》，木管五重奏《乩枪》，交响乐《猎》《楚吟·少司命》等。

李娜（1953—），作曲家、音乐教育家，教育学院教授、理论作曲教研室主任。广西艺术学院音乐系1982届作曲本科。

她的作品有：艺术歌曲《春到壮乡》（李娜词）、《凭吊烈士》（晓星词）、《欢乐壮乡》（侯道辉词）、（混声合唱）《啊，春风》（魏宝贵、邬大为词），钢琴独奏《春雨》《清明》等。

（十五）吉林艺术学院

康亦慧（1981—），作曲家、音乐教育家，音乐学院副教授、作曲系主任。德国吕贝克音乐学院2006级作曲博士，师从迪特·马克（Dieter Mack）。

她的作品有：歌曲《希望》（何春生词），合唱《乡谣》，室内乐《砚》，民族室内乐《云裳弦思》《五末》《心上的歌》，交响序曲《风拂大地》，交响乐《宁静的地平线》《和·韵》《岁寒花开》等。

（十六）山东艺术学院

孙倩（1977—），作曲家、音乐教育家，山东省荣成市人，音乐学院副教授、作曲系主任。自幼随父学习音乐。山东艺术学院 2008 届作曲硕士，师从李云涛。著有《音乐创作理论与形态研究》。

其作品有：歌曲《我为你歌唱》（李明才词，孙倩、孙厚存曲）、《在春天启航》①《梦里的地方》②《尺八》，无伴奏混声合唱《包楞调》《打秋千》，笛子二重奏《山歌》，笛子五重奏《乡念》，长笛独奏"WU SHENG"③（即《五声》），钢琴独奏"COLLISION"（《碰撞》），弦乐四重奏《花影触》等。

姚怡（1976—），作曲家、音乐教育家，音乐学院作曲系副教授、系副主任。山东艺术学院 2011 届作曲硕士，师从李云涛。

其作品有：歌曲《九十九个心愿献给母亲》、《百脉泉，你听我说》（张积强词）、《黄河口小夜曲》《岸》，女声小合唱《秋月弯弯》，合唱《永远跟您走》，古筝重奏《琴书》，弦乐四重奏《京韵》，钢琴三重奏《荷》④，管弦乐《满江红》《韵·涵》，大型多媒体歌舞报告剧《心中的彩虹》（李云涛、姚怡曲）等。

武丹宁（1985—），作曲家、音乐教育家，音乐学院作曲系副教授。中央音乐学院作曲系 2014 届配器博士。著有《寻找音乐中的色彩世界》《管弦乐表现与音乐戏剧研究》等。

其作品有：2008 申奥英文歌曲"ONE WORLD, ONE HOME"（《一个世界，一个家园》，天明词），艺术歌曲《九九雁归来》，歌剧《北大1918》（贾清云、李长鸿编剧），清唱剧《智取威虎山》；钢琴组曲《醒春》，

---

① 2015 年获得第八届泰山文艺奖音乐类二等奖。
② 2012 年获得第五届泰山文艺奖音乐类三等奖。
③ 2009 年获得第二届泰山文艺奖音乐类三等奖。
④ 2010 年获得第三届泰山文艺奖音乐类三等奖。

大提琴奏鸣曲《根》，木管五重奏《跳动》，《第一弦乐四重奏》，弦乐四重奏《雨后》，民乐重奏《虚慈》，混声四声部合唱《如梦令》《声声慢》，管弦乐《大地哀歌》，民族管弦乐《情满黄河》《灯塔颂－复兴》等。

赵雪琳，作曲家、音乐教育家，音乐学院讲师。天津音乐学院作曲系 2005 届复调硕士，论文为《论黄自创作中的复调音乐》，师从孙云鹰。

其作品有：钢琴独奏《原创主题的二重创意曲》《二部民族风格赋格曲》《三部民族风格赋格曲》《月光变奏曲》等。

张琪（1988—），作曲家、音乐教育家，音乐学院教师。中央音乐学院 2018 届作曲博士，师从杨勇。

其作品有：大提琴独奏《尽相忘》，室内乐《风的影子》、《山居秋暝》、《致远方》（混合）、《夏加措》（二胡、钢琴二重奏）、《雪山清晓》（竹笛、古筝、二胡、琵琶四重奏）、《踏歌行》（二胡与钢琴曲），管弦乐《晓梦》等。

（十七）内蒙古艺术学院

李末（1984—），作曲家、音乐教育家，生于内蒙古自治区乌兰浩特市，音乐学院作曲指挥系教师。上海音乐学院 2011 届作曲硕士，师从吕黄。内蒙古文化音像出版社出版了她的作品专集《草原琴话——蒙古族民歌小曲 36 首》。

其作品有：艺术歌曲《天籁》（孙生和词）、《父母草原》（高山词）、《草原上有条流动的河》（王旭词），无伴奏合唱《父母的恩情》，钢琴独奏《诺力格尔玛主题变奏曲》、（组曲）《沙尘》，大管与打击乐《查玛舞韵》，弦乐四重奏《塞上吟》，打击乐三重奏《阴山岩画印象——牧马图》，琵琶三重奏《青冢望乡》，民乐合奏《马步琴音》等。

韩星宇（1977—），作曲家、音乐教育家，内蒙古自治区集宁区人，音乐学院作曲指挥系副教授、系主任。内蒙古大学艺术学院 2010 届作曲硕士，师从李世相。

其作品有：艺术歌曲《孟克珠岚》①《飞天曲》（王健词），钢琴独奏《塞北印象》《搏克舞韵》，打击乐独奏《孩子的梦》，木管重奏《戏》，琵琶三重奏《天际素描》，二胡与钢琴《天际随想》，弦乐队与钢琴《榆树湾速写》等。

崔美子（1984—），作曲家、音乐教育家，朝鲜族，内蒙古自治区呼和浩特市人，作曲指挥系讲师。韩国启明大学 2023 届作曲博士，论文为《韩国板索里与中国蒙古族乌力格尔音乐本体的现代解读》。

其作品有：艺术歌曲《诗的草原，画的草原》《萨日娜姑娘》，流行歌曲《梦中的长调》，马头琴重奏《抒怀》，管弦乐《樱漫天》等。

石亚晶，作曲家、音乐教育家，作曲指挥系讲师。内蒙古大学艺术学院 2012 届作曲硕士，师从李世相。

她的作品有：歌曲《草原的小河》《美丽的德力格尔玛》《阿爸的太阳，额吉的月亮》，大提琴独奏《回忆》，竹笛五重奏《炎黄叙》等。

索伦高娃，作曲家、钢琴家、音乐教育家，蒙古族，音乐学院钢琴系讲师。内蒙古艺术学院硕士。作有钢琴独奏《乡村即景》《"盅碗舞"主题变奏曲》等。

此外，民乐系几位教师创作了具有浓郁蒙古族特色的二胡曲，如戴淑萍的《鄂尔多斯情缘》《瀚海神骏》，蔡悦的《康巴噶卓》，张瑞雪的《草原情韵》等。

（十八）其他高校

颜海音，作曲家、音乐教育家，上海戏剧学院电影作曲系作曲教师。中央音乐学院硕士。作有歌曲《望南洋》，二胡独奏《陕北情怀》，钢琴独奏《自画像》，阿木聂、三弦、中胡《转山》，室内乐"Sterling"，管弦乐《第一交响序曲》等。

---

① 2013 年获得第十届内蒙古艺术创作萨日纳奖。

　　王婷祺，作曲家、钢琴家、音乐教育家，蒙古族，生于内蒙古自治区巴彦淖尔市，内蒙古师范大学音乐学院教师。上海音乐学院 2019 届作曲硕士，毕业论文为《陈银淑作曲技法初探——以其两部作品为例》，师从陆培。

　　她的作品有：女高音独唱《大青山，大草原》，为女高音、钢琴而作《艺术歌曲诗三首》，为古筝、二胡、竹笛而作《墨梅》，电子音乐作品《染》，古筝协奏曲《阴山·岩画》，为琵琶与乐队而作《乡韵》，为合唱与打击乐而作《海》等。

　　邬娟（1983—），作曲家、音乐教育家。鄂尔多斯应用技术学院艺术系副教授。上海音乐学院 2022 届作曲博士。作有室内乐《曳》，为单簧管、小提琴、钢琴而作《行走的流沙》等。

　　伊乐（1977—），作曲家、音乐教育家，蒙古族，海南师范大学音乐学院副教授。内蒙古师范大学音乐学院 2000 届作曲硕士。有专著《指间飞舞——伊乐原创音乐作品赏析》和音乐作品专辑《时光——伊乐原创钢琴小品》（CD）。

　　她的作品有：歌曲《遇见望海》《七月的故事》（曾德仕词），无伴奏混声合唱《字母歌》（蒙语），弦乐四重奏《山花烂漫》等。

　　刘健，作曲家、音乐教育家，浙江师范大学音乐学院副教授。上海音乐学院 2013 届作曲博士，师从杨立青。

　　她的作品有：歌曲《寻光》（杨燕词），女高音与钢琴《周南与关雎》，男声五重唱与小型打击乐《青哇哇与木偶》，女高音与室内乐《新燕燕做媒》，钢琴独奏《鼓铮》，两把二泉琴《二·胡》，两组木鱼《乒乓与球》，群舞音乐《活着1937》，管弦乐《鼓铮Ⅱ》《鼓铮Ⅲ》《澧水之际》《澧水之际Ⅱ》《澧水之际Ⅲ》《"落水天"不打伞》等。

　　王璨，作曲家、音乐教育家，北京电影学院声音学院讲师。德国柏林艺术大学 2016 届作曲博士，师从沃尔特·齐默尔曼（Walter Zimmermann）成为其关门弟子。

其作品有：弦乐四重奏《断章》，室内乐《四行诗》等。

张潇霞（1989—），作曲家、音乐教育家，福建师范大学音乐学院作曲系教师。上海音乐学院 2021 级作曲博士。

其作品有：歌曲《等你光临，少年朝阳》（陈卫词），混声合唱《暮春，我们倾听》（陈卫词），女高音独唱《指路的您》（陈卫词），男高音独唱《梦的海洋》（陈卫词），室内乐《墨响》《岛》《圣地Ⅰ》《圣地Ⅱ》，弦乐五重奏《汉字图谱》《疯狂的象牙塔》，打击乐《迷钟系列Ⅰ》《迷钟系列Ⅱ》，管弦乐《南歌》，交响乐《三折画》等。

徐越湘（1977—），作曲家、音乐教育家，湖南省长沙市人，华南师范大学音乐学院副教授。上海音乐学院 2011 届作曲硕士，论文为《管弦乐作品〈涟漪〉数图结合的创作构思解析》，师从周湘林。

其作品有：打击乐与混声小组唱《送新娘》，钢琴独奏《泽雨》《歌乐飞舞》，钢琴三重奏《殇》，长笛与钢琴《南梦二则》《南梦四则》，管弦乐《涟漪》等。

柳琳（1989—），作曲家、音乐教育家，华南师范大学音乐学院理论作曲部讲师。中央音乐学院 2016 届作曲硕士，师从秦文琛。

她的作品有：女高音独唱《柳叶船》（俞明龙词），古筝独奏《道》《潮幻》，钢琴组曲《山》，民乐重奏《树的画像》，混合室内乐《曛》《金岚辞》《铜版画》《生生不息》《昨夜星辰昨夜风》，为两组打击乐而作《昙熠》，舞蹈音乐《那一天》，管弦乐《道Ⅰ》《道Ⅱ》《山樱》等。

姜蕾，作曲家、音乐教育家，生于浙江省温州市，华东师范大学教授。上海音乐学院 2012 届作曲博士，论文为《解构与重构——20 世纪音乐中"开放结构"的观念及实践》，师从钱亦平、杨立青。华东师范大学心理认知科学学院博士后。

她的作品有：四声部合唱《青春绿洲》，混声合唱《意会杜甫栀子——蝶恋花》，钢琴独奏《孩童的嬉戏》，小提琴独奏《诗·忆》，室内乐《西域随想》（为钢琴、小提琴与长笛而作）等。

曹冠玉，作曲家、音乐教育家，湖北省武汉市人，华中师范大学音乐学院作曲指挥系副教授、系主任。俄罗斯格涅辛音乐学院 2004 届作曲硕士。作有歌曲《桂花谣》《阳台的花儿开了》，合唱《天空》《毕业季》《窗》《燕子》《清晰的记忆》，民族室内乐《水墨南滇》，交响乐《青铜映像》等。

丁玲（1977—），作曲家、音乐教育家，江苏省常州市人，华中师范大学音乐学院教师。

她的作品有：女声合唱《月色中的雪》，钢琴五重奏《记忆当故事》等。

薛花明（1975—），作曲家、音乐教育家，河南省人，华中师范大学音乐学院教师。与人合作完成了 CD《功夫》和《心灵舒眠》。

她的作品有：钢琴独奏《苏醒》，电子音乐《钟之灵》（合作）、《距离》（为磁带与采样波形而作）。

刘畅（1983—），作曲家、音乐教育家，中央戏剧学院音乐剧系副教授。中央音乐学院 2015 届作曲博士，师从刘锦萱、唐建平。

其作品有：艺术歌曲《心里装着谁》《回家的路从来不嫌远》，弦乐四重奏《北京印象》，管弦乐《小团圆》，交响诗《旷野》等。

张伊卉，作曲家、指挥家、演奏家、歌手、音乐教育家，深圳大学艺术学部音乐舞蹈学院讲师。美国俄克拉何马大学音乐学院作曲与星海音乐学院指挥双硕士。出版有《青春第一课——流行歌曲改编合唱曲集》。

其作品有：歌曲《现代之光》（张伊卉词），合唱《人间天堂》（钱建隆词）、《月儿落西下》，钢琴独奏《孤山探趣》①《清竹幽林》、（组曲）《山鬼和孩子们》，民乐三重奏《梦境鸟音》，打击乐重奏《石鼓印象》《鼓乐》，大提琴与钢琴 "You Once Said"（《你说》），室内乐《妞妞的拨浪鼓》等。

---

① 2011 年获得第八届中国音乐金钟奖钢琴作品铜奖。

张姣（1989—），作曲家、音乐教育家，北京语言大学艺术学院音乐专业教师。中国音乐学院2021届作曲博士。

其作品有：艺术歌曲《因为有你》《山居吟》《蒹葭》《邂逅》，室内歌剧《浮生若梦》，音乐剧《寻乐记》，单簧管独奏《咏声I》《咏声II》，室内乐《云裳遥想》①《漠·情》《空·蒙》《三世》，民族室内乐《风之涣》《弦舞》，管弦乐《海与夜的诗篇》《山之巅》，丝弦与民族管弦乐队《滇乡彩云》，电影音乐《黄昏中的鱼肚白》等。

王月颖（1979—），钢琴家、作曲家、音乐教育家，吉林省通化市人，吉林大学艺术学院副教授、音乐系主任。吉林大学艺术学院音乐学钢琴演奏与教学研究2009届硕士；吉林大学哲学社会学院马克思主义哲学专业2013年辩证法理论博士。作有双排键二重奏《北国新时代》等。

周云婷（1985—），作曲家、音乐教育家，辽宁省本溪市人，中国戏曲学院音乐系音乐制作教师。上海音乐学院2011届电子音乐作曲硕士，论文为《从声音的拼贴与塑造看具体音乐与合成电子音乐的殊途与同归》，师从吴粤北。

其作品有：艺术歌曲《人间值得》（周云婷词）、《京剧脸谱》（孙涛词），京剧独角戏《老人与海》，扬琴独奏《风有约·花不误》，室内乐《茶白》《云响风弦》，电子音乐《酒狂》《梵心·行》，音乐舞台融合剧《坤》，管弦乐《色彩意象》，数字交响京剧《长征组歌》之《爬雪山过草地》《飞跃大渡河》（配器）等。

张艺馨（1989—），作曲家、音乐教育家，中国戏曲学院音乐系教师。中央音乐学院作曲博士。作有儿童歌剧《没头脑和不高兴》，钢琴、古琴、合唱与管弦乐队《古堰新韵》，音乐剧《笃行》，舞台剧配乐《威尼斯商人》《叶限姑娘》，影视剧配乐《天门》（电影）、《爱让我们在一起》（电视剧），民族管弦乐《思君不见下渝州》《告别千年》等。

---

① 2013年获得第九届中国音乐金钟奖器乐作品优秀奖。

林健（1988—），作曲家、音乐教育家，浙江人，浙江艺术职业学院音乐系讲师、理论教研室主任。上海音乐学院 2015 届作曲技术理论硕士，论文为《郭文景民族管弦乐组曲〈滇西土风三首〉配器技术探析》，师从朱晓谷。与丈夫——胡琴演奏家卢伟时有合作。

她的作品有板胡独奏《秋社》《秋赋》、（板胡与钢琴、打击乐）《风起涟漪》等。

莫婕，作曲家、音乐教育家，华南理工大学艺术学院音乐学系讲师、系副主任。上海音乐学院 2018 届作曲博士，论文为《郭文景歌剧〈骆驼祥子〉的创作特征》，师从周湘林。

她的作品有：无伴奏合唱《我有渔歌几千箩》（朱明词）、《乡思在渔歌》，（合作）室内乐组曲《秦粤时空》之五《沙城迷踪》，（合作）交响组歌《我的家我的国》，（合作）大型交响音诗《唱支山歌给党听》等。

赵琳（1969—），作曲家、音乐教育家，字彩羽，上海市人，广西大学艺术学院教授、常务副院长。中国音乐家协会大提琴学会理事。

其作品有：歌曲《广西尼的呀》（张名河词）、《广西广西》（刘新圈词）、《广西大学校歌》（马君武词、集体修改）、《阿哥从你门前过》（罗晓航词），《骆越欢》（大提琴独奏曲），《画卷》（大提琴二重奏），《瑶》（大提琴八重奏），室内乐《欢》，交响乐《天上星星般月亮》《壮》等。

汪恋昕（1983—），作曲家、钢琴家、音乐教育家，湖南衡阳人，肇庆学院音乐学院教师。3 岁学习钢琴。上海音乐学院 2010 届作曲硕士，论文为《大提琴协奏曲〈黎明〉作曲技法初探——兼论秦文琛音乐创作特征》，师从周湘林。

其作品有：艺术歌曲《只有一个人能唤醒它》，钢鼓曲《星夜》，《第二弦乐四重奏》，《岚——为长笛、竖琴、弦乐四重奏而作》，《寻找满月——为室内乐队而作》，室内乐《野忍冬花》，管弦乐《旋律——献给波波夫》，《高叠——为双钢琴而作》等。

姜芷若，作曲家、音乐教育家，北京市人，北京联合大学艺术学院副教授。中国音乐学院 2015 届作曲博士，师从施万春。2017 年在首都师范大学音乐学院博士后出站。

其作品有：歌曲《中国有好梦》《清风》，电影音乐《娜娜》（含主题曲），话剧音乐《青春之歌》（含主题曲），交响乐《京华兴学颂》等。

黄文，作曲家、钢琴家、古琴家，湖南大学艺术教育中心教师。毕业于中央音乐学院作曲系，师从叶小纲。

其作品有：声乐与交响乐《清凌凌的水蓝莹莹的天》《领航》，古琴与钢琴《秋兰兮辞》，室内乐《宴之游荧》，舞蹈音乐《玉舞行》，古筝协奏曲《兰亭序·春咏》，钢琴协奏曲《九叹·瑶歌》，笙协奏曲《麒麟赋》，中阮协奏曲《云梦》，二胡、大筒协奏曲《芙蓉花韵》，民乐组曲《岳麓书院随想》，管弦乐《紫气东来》，交响乐《黄昏的协调》等。

蔡黎飞，作曲家、音乐教育家，河北艺术职业学院讲师。中央音乐学院电子音乐作曲硕士，师从李小兵。

她的作品有：戏歌《中华书画魂》，歌曲《长城万里长》，抗疫公益歌曲《对你说》《你的样子真美》，多媒体类电了音乐《虫洞》，电子音乐《周而复始》等。

刘洁，作曲家、音乐教育家，中国人民大学艺术学院音乐系教授、理论教研室主任。中央音乐学院 2012 届作曲博士。著有《贝里奥音乐戏剧〈迷宫Ⅱ〉及其相关音乐分析研究》。

她的作品有：艺术歌曲《祖国正是春天》《渔家傲》，钢琴独奏《竹竿舞》等。

张晶晶（1981—），作曲家、音乐教育家，中国 - 东盟艺术学院音乐与舞蹈学院音乐学系副教授。华人女作曲家协会常务理事。首都师范大学 2014 届作曲博士，师从张大龙和姚恒璐、刘湲、杨勇等。

她的作品有：歌曲《明天，不》（北岛词，赵博配钢琴伴奏），合唱《朝雾里的小草花》，钢琴独奏《看秧歌》《走马》，民族室内乐《窦娥三愿》等。

张盈，作曲家、爵士唱作人，中国传媒大学音乐系讲师。中央音乐学院作曲硕士，师从郭文景。发行个人爵士唱作专辑 *Sondia*。

她的作品有：歌曲《昨天晚上的分手电话》《很紧张》；电视连续剧《防火墙 5788》主题歌及配乐；室内乐《北京胡同》《邀舞》，简约派弦乐四重奏"Just Listen"，爵士室内乐作品"Jazz Quintet"，交响乐《人鱼》，爵士交响乐"Symphony II"等。

熊欣，作曲家。武昌工学院国际教育学院教师，作有古筝与室内乐《原风》，民族管弦乐《湘调狂想》等。

郭薇，作曲家，苏州科技大学音乐学院教师。上音作曲博士；美国约翰霍普金斯大学皮博迪音乐学院作曲硕士，师从 Steve Reich 等。作有室内乐"Chase MI"、《晨·蔼》、《萧瑟》，管弦乐"Fairyland"等。

巢蓉，作曲家、音乐教育家，广东省外语艺术职业学院艺术教育学院美育中心和音乐表演教研室主任。作有女声合唱《春天春天》，扬琴三重奏《悠悠扁担寄湘情》等。

佘谦，作曲家、音乐教育家，云南交通职业技术学院艺术学院讲师。上海音乐学院作曲硕士毕业，师从刘晓耕。

其作品有：女声合唱《月亮宝贝》，童声、混声合唱《其多咧》《月亮喊你来》《子衿》；钢琴组曲《云南素描》，室内乐《第一弦乐四重奏》《忆》，管弦乐《山林随想》等。

孙晶，作曲家、音乐教育家，华侨大学音乐舞蹈学院器乐教研室讲师。中央音乐学院民乐系 2007 级琵琶学士、2013 级作曲硕士。出版有《孙晶琵琶作品集》。作有琵琶独奏《且听风吟》《静默之弦》，琵琶四重奏《四季》，琵琶协奏曲《文武双全》。

龙晓匀，作曲家、音乐教育家，中央民族大学音乐学院教授。1987年毕业于中央民族大学作曲专业。著有《中国少数民族音乐风格视唱作品集》《龙晓匀民族音乐作品集》和《视唱作品中民族音乐素材应用研究》

等。作品有歌曲《侗寨随想》，无伴奏合唱《民歌会》组曲，钢琴组曲《黔乡春景》等。

二、来自文化单位和艺术院团的作曲家

李沧桑（1967—），作曲家，白族，云南省红河州云县人，中央民族歌舞团创作室国家一级作曲。父亲为白裔汉族音乐家李元庆。

其作品有：歌曲《月琴弹起来》《月夜》《摩梭情歌》《天鹅》；民族管弦乐《蒙古族民族畅想》，民乐五重奏《古风新韵》，民乐六重奏《梦》，大提琴独奏《弥渡山歌》；舞蹈音乐《荞麦花开》《小河淌水》《蚂拐》；舞剧《一样的月光》《玉鸟》《傩殇》；大提琴、笙、吉他、琵琶与交响乐队《十面埋伏》；电影音乐《俄玛之子》等。

李美佳（1986—），作曲家，吉林省吉林市人，亚洲爱乐乐团作曲。中国音乐学院 2012 届作曲硕士，师从高为杰。毕业后曾工作于空政文工团。

其作品有：歌曲《北京华章》《永恒的记忆》（中国音乐学院校歌）、《为红旗骄傲》（车行词），歌舞剧《清泉泽三晋》；钢琴独奏《雾》，钢鼓曲《世界名曲联奏》，电影音乐《落经山》，室内乐《盼》《婆娑》《雪夜好梦》《一个和尚挑水喝……》《风》《呼来呼来》，唢呐协奏曲《打枣》《黄土情》《百鸟朝凤》。

杜薇（1978—），作曲家，天津人，香港管弦乐团作曲。从小随父亲杜滨学习钢琴及作曲。1996 年考入中央音乐学院作曲系，师从施万春、范乃信。2005 年取得作曲硕士学位，师从郭文景。

其作品有：歌剧《娜拉》，室内乐《异域的芳香》《红楼梦魇》《染》，管弦乐《袅晴丝·惊梦》《陨星最后的金色》，民族管弦乐《天眼》，舞剧《惊梦》《金瓶梅》，影视音乐《唐山大地震》《狼灾记》、（新版电视剧）《红楼梦》和电影《大唐玄奘》片尾曲《心经》等。

李玥锦，作曲家，北京民族乐团作曲。2008 年入中央音乐学院附中

作曲学科，师从徐之彤。2014 年保送入作曲系师从秦文琛。2018 年保送攻读作曲硕士，并于 2023 年取得学位，论文为《画意与声响的次建构——阮协奏曲〈彩冥想〉创作分析》，师从唐建平。

她的作品有：合唱《诗经·良辰》《沂水春风》，古筝与钢琴《云游不羡仙乡》，古筝协奏曲《丹宸赋》，古琴协奏曲《秋蒲蓉宾图》，笙协奏曲《笙·临其境》，中阮协奏曲《自在》，舞剧音乐专辑《四海升平》（包括《远古传说》《礼乐风雅》《舞弄芳华》《笙鸣千秋》《逐鹿》《四海升平》《图腾》《复兴之路》8 首室内乐小品）等。

雷焕然，古筝演奏家、作曲家，江苏省民族乐团演奏员。在上海音乐学院取得古筝演奏硕士学位。

她的作品有：古筝重奏《萍花汀草》，筝与室内乐《筝·3070》，唢呐协奏曲《飒》《焦桐丹心》，唢呐、笛子与乐队《南锣鼓巷》，二胡协奏曲《绛妃》，民族管弦乐《宝船音旅》《载誉归鞘》《古丽仙》《海之魂》《沧滇望月》《鲸舟远航》等。

姜莹，作曲家，中国交响乐团驻团作曲，7 岁学琵琶。曾师从何占豪。2010 年在上海音乐学院作曲系取得作曲硕士学位，师从徐孟东。曾任上海民族乐团、中央民族乐团作曲。其创作能对民族音乐进行深度挖掘与创新融合，在表现传统底蕴的同时又能带来丰富的现代气息。

她的作品有：电子音乐《宇宙的边缘》，琵琶与乐队《祭天》，民族室内乐《丝路》①《龙图腾》②《敦煌新语》《嘎老》，民族管弦乐《丝绸之

---

① 2011 年获得文化部（现文化和旅游部）第 15 届全国音乐作品评奖民乐二等奖。
② 2011 年获得文化部（现文化和旅游部）第 15 届全国音乐作品评奖民乐三等奖。

路》①《空城计》，民族乐剧《印象国乐》②《又见国乐》，民族器乐剧《玄奘西行》，交响诗《生命的礼赞》等。

邬娜（1987—），作曲家，浙江交响乐团驻团作曲。毕业于上海音乐学院附中、新加坡国立大学杨秀桃音乐学院（本科）、瑞士苏黎世大学音乐学院（硕士）作曲专业。

其作品有：室内乐《烟雨江南》，协奏曲《吴歈越吟》（为巴松与弦乐团、钢琴、竖琴、打击乐而作）、《济沧海》（大管），管弦乐《长淮望断》《惜怀岳武穆》，交响诗《诗画浙江》《问茶》，交响乐《诗路行·运河魂》《问茶》《玉碗飘香》等。

三、来自其他单位以及独立音乐人

栾思远，筝演奏家、唱作人，江苏省扬州市人。4岁习筝。2004年毕业于南京师范大学音乐学院。2007年取得美国亚利桑那州立大学音乐教育硕士学位。出版有音乐散文随笔《愿当下每个都是喜欢的》。

其作品有：筝乐《寻》《圆满》《君子如玉—— 读〈离骚〉有感》《茉趣》，（改编）筝弹唱《鬲溪梅令》，《筝心诗意》专辑③，古筝、马林巴和钢琴《私言片语》专辑，《竟界》（纯即兴）专辑，《聆听湿地之声》（户外即兴实验）专辑 1、2 等。

周潇泓（1991—），作曲家、古筝演奏家和教育家，生于上海市。2010年考入上海音乐学院古筝表演和民乐作曲双专业，师从祁瑶（古筝）和王建民（作曲）。2015年攻读作曲硕士，师从王建民。

---

① 又名《库姆塔格》，2014年获得文化部（现文化和旅游部）第18届全国音乐作品评奖民族管弦乐一等奖。

② 2014年获得文化部（现文化和旅游部）第18届全国音乐作品评奖民族管弦乐三等奖。

③ 包括栾思远本人原创音乐、自度诗词和改编音乐。

其作品有：竹笛三重奏《日暮飞沙》[①]，丝弦五重奏《梯玛》，蝶式筝四重奏《大禹赞歌》，民族室内乐《境》《姑苏随想·桥》，民族管弦乐《丝路寻迹》等。

高原，作曲家。发行有个人作品集《望乡中国心——高原管弦乐作品专辑》。作有少儿合唱《那一天》，双钢琴《蔚蓝》，钢琴协奏曲《望乡》，管弦乐《楼兰情诉》等。

张宁，作曲家、音乐教育家，华人女作曲家协会副主席。先后就读于武汉音乐学院附中、武汉音乐学院作曲系，在中央音乐学院作曲系取得作曲硕士学位。

其作品有：钢琴独奏《无根花》，箜篌独奏《七声解语》，室内乐"Pluto"，民乐重奏《归去！归去！》，双钢琴《弥漫的心》，箜篌独奏《润》，七重奏《客家新象》，室内乐三重奏《对话》，管弦乐《想象的风景》等。

胡冉冉，作曲家，世界华人女作曲家协会暨国际作曲家佛教音乐会行政总监，国际女音乐家联合会会员。作有歌曲《生命之歌》（胡冉冉词）、《请告诉我》（胡冉冉词），合唱《生生不息》，古琴、箫、打击乐、人声《问心》（王健词）等。

曾雪（1988—），作曲家、钢琴家。作有钢琴独奏《流逝的时光》《花好月圆》《小游戏》《随想曲》《山林》，钢琴与古筝《踏雪行》等。

马依依（1989—），作曲家，美国伯克利音乐学院影视配乐专业硕士毕业。作有电影配乐《国旗阿妈》《走进西藏》《麦兵兵》，电视剧音乐《我叫汪格格》《泰拉星环》，音乐剧《小时代》等。

盛颖，作曲家，环球音乐签约作曲。作有室内乐《暖潮》《春之萌芽》、（琵琶与电子音乐）《十面埋伏》《太阳出来喜洋洋》《长相思》等。

石一岑，作曲家，2012年毕业于中央音乐学院作曲系。作有歌曲《甜

---

① 2013年获得第九届中国音乐金钟奖器乐作品小型器乐组合优秀作品奖。

蜜冒险》（刘泽衡词）、《给梦里的你》（刘泽衡词），室内乐 "Polka"，管弦乐 "Suddenly"、《中国故事》等。

陈迅，作曲家。2017 年央音博士毕业，师从叶小纲。作有小提琴与钢琴《春天锣鼓》，钢琴组曲《故宫》，交响乐《楚河风》。

林璐馨，作曲家。延边大学艺术学院 2017 届硕士，论文为《音高组织的运用——以三首自创室内乐作品为例》，师从申浩、申光浩。作有室内乐《五月的馨音》《墨之戏——与画家赵无极的对话》《黎明的旅途》《秋之韵》《梦之韵》等。

武玮（1988—），词曲作家、歌手、演员，湖南省长沙市人。作有唱作专辑《真核》《女唱师》《武玮先生》，管弦乐《第一交响曲（日出地）》《第二交响曲（颂）》《第三交响曲（玉的献辞）》。

危阳（1989—），作曲家、音乐教育家，邵阳县一中音乐教师，国家二级心理咨询师。湖南师大音乐学院作曲硕士。作有歌曲《三峡》，钢琴曲《逸云》《黎明》《七色狂想曲》等，弦乐四重奏《见或不见》，管弦乐《随想》《小时候》等。

薛楚君（2010—），作曲家，云南省昆明市人。钢琴作品 "Church in Snow"（《雪中教堂》）获得 2020 年常青藤国际作曲大赛二等奖；"Piggy Waltz"（《小猪圆舞曲》）、"War Is Coming"（《战争来了》）分别获得 2020 年第 13 届美国金钥匙钢琴作曲比赛二等奖和四等奖；"Sunrise of Winter"（《冬之日出》）获得 2020 年第 8 届芬兰西贝柳斯国际作曲比赛第三名和 2021 年第 14 届美国金钥匙钢琴作曲比赛三等奖。

四、台湾、香港地区作曲家

台湾、香港地区的女作曲家涌现的时间总体比内地晚不少时间，在 20 世纪 80 年代之前基本还算罕见（此前主要有赖孙德芳、陈芳玉）。20 世纪 80 年代之后，经济的高速发展以及与西方的交流日益频繁，有力地推进了文化的发展。女作曲家的数量也逐渐多起来。我们以香港地区女作曲家为例进行详细叙述。

张佩珊，美籍华裔作曲家，香港演艺学院音乐学院副教授，中央音乐学院特聘教授。香港演艺学院音乐学士、美国加州大学圣地亚哥分校音乐硕士及美国密苏里大学博士毕业。作有室内歌剧《女书》，中国传统皮影戏多媒体作品《龙》，大提琴乐团《回味旧香港－启德机场》，阮弹拨乐团《圆灵飞动》，室内乐《水姿幻象》，中乐团《大排档》《大排档Ⅱ——车仔面》等。

李嘉怡，生于香港。香港演艺学院讲师。香港演艺学院学士、硕士。作有多媒体制作《流声》《音乐新环境》，Spotlight 系列之多媒体制作"Illusion.Imagine"、《喜怒哀乐》，管弦乐 *Bloom*《绽放》等。

邓慧中，任教于香港浸会大学、香港大学、香港演艺学院。香港浸会大学作曲及电子音乐硕士、香港大学音乐学博士。作有跨界作品《从什么时候开始》，笙和峇里嘉美兰乐团《共·鸣》，弦乐四重奏及舞者《线》，笙、单簧管、琵琶和弦乐四重奏《过渡·城市》，敲击与室乐团协奏曲《亮光》，管弦乐《水银漩》《明光》等。

邓乐妍，任教于香港中文大学与香港演艺学院。香港演艺学院学士、硕士，香港中文大学博士。作有声乐曲《向日葵》（余光中词），大型中乐团《迁界令》，管乐团《星河》，色士风与手提电脑大乐队《星谜》，室内乐《花甲子》，唢呐管子协奏曲《仁呐》，管弦乐《花脸》，舞剧《迁界》，歌剧《年轮曲》等。

林兰芝，香港中文大学学士，加拿大大多伦多大学硕士、博士。作有中乐四重奏《跳跃的女孩》，丝竹乐《古色》，中乐团《打击乐·醮》，管弦乐《莲》等。

徐美玲（1993—），生于哈萨克斯坦，作曲家、唱作人、钢琴家、电台主持人。香港中文大学音乐系学士，伦敦国王学院音乐系硕士。作有室内乐《秘密迷宫》《四季》《第一钢琴五重奏》《第二钢琴五重奏》等。

陈雅雯，作曲家，毕业于香港大学音乐系。作有声音景观音乐《淼渺》，弦乐二重奏《泊如》，弦乐三重奏《不知道》，扬琴二重奏《两洲之间》，长笛、大提琴、钢琴《萦回井中》，室内乐《零零》、*In June*《晨霭》，广东音乐《寒来暑往》等。

林迅，作曲家，香港演艺学院学士，香港中文大学硕士。华人女作曲家协会轮值主席。作有合唱《和平的渴望》，笛子、扬琴、琵琶、古筝、二胡《走马灯》，箫、笙、琵琶、古筝、二胡、打击乐《清心》，钢琴协奏曲《飞跃的声音》，管弦乐《思绪》《大自然的回响》《沙依坦克尔西》等。

郭品文，任教于香港演艺学院、香港中文大学、香港浸会大学。美国奥柏林音乐学院和香港演艺学院学士，英国伦敦皇家音乐学院硕士。作有合唱《童年》，钢琴独奏《庆生达达》，双钢琴《夜曲》，24 人 4 琴加 1 个调琴师《石榴》，钢琴协奏曲《雅丹颂》等。

李允琪，加拿大籍华人作曲家，香港中文大学音乐系教授。密歇根大学硕士、博士。作有钢琴四手联弹 "Convergence"（《合、融》），弦乐四重奏 "The Crossroads"，室内乐《我机灵的同伴》等。

林俪（1983—），香港演艺学院作曲及电子音乐系学士，荷兰海牙皇家音乐学院硕士。作有互联网隔空合奏室内乐 "The Rain Drops"，管弦乐《没有像家的地方》，剧场艺术 "A Performative Exhibition of No Magic, Make & Believe" 等。

林安淇（1978—），生于香港，香港演艺学院学士，约翰霍普金斯皮博迪音乐学院硕士，耶鲁大学博士。作有音乐剧 *June Lovers*（《六月的情人》），旁白与乐队《交响乐日记：十面埋伏》，管弦乐《寻找中的季节》，大提琴协奏曲 "Awakening from a Disappearing Garden"（《从消逝的花园中醒来》）等。

香港作曲家主要还有谢倩雯、黎雅婷、伍巧怡、何美恩、黄慧仪、叶婷、郑裔蕎、杨凯晴等，在此不一一赘述。

五、海外华人、华裔及长期旅居作曲家

方满，美籍华人作曲家、音乐教育家。美国南卡罗来纳大学副教授。康奈尔大学硕士、博士，师从史蒂芬·斯塔基（Steven Stucky）。她的作品有着令人赞叹的创造力，讲究音色的变化，侧重中西方音乐元素的对话。

其作品有：钢琴独奏《大红色》，大提琴独奏 Folk Songs《民谣》，室内乐《大地》（为女高音、男中低音及六重奏而作）、《渴石》（为两把小提琴和架子鼓而作），吉他与电子音乐《十面埋伏》，单簧管、交响乐队及电子音乐《重生》，交响乐队及电子音乐《洪水》，笙协奏曲《火凤凰的笙音》，歌剧《金莲》，管弦乐《黑》《水蓝色》等。

陶钰，作曲家。北京人，旅居巴黎。美国 IAWM 国际女音乐家联合会理事。曾就读于中国音乐学院附中、中国音乐学院、日内瓦高等音乐学院及法国 IRCAM 现代音乐研究中心。

其作品有：钢琴独奏《闹元宵》，为中国笛与低音长笛而作《玉笛谁家醒落梅》，弹拨乐《歌乐》，室内乐《心经》（箫、笙、琵琶、古筝、二胡、打击乐、人声），琵琶、二胡与大型交响乐队《素湍》，歌剧《阿Q》等。

王颖（1976—），作曲家。河南省开封市人，生于上海，长于北京，旅居德国。父亲是作曲家王西麟。王颖 4 岁学钢琴。在中国音乐学院附中毕业后，于 1997—2002 年在上海音乐学院作曲系学习。2003 年，赴德国科隆音乐学院攻读硕士学位，师从约克·霍勒（York Höller）、克日什托夫·梅耶尔（Krzysztof Meyer）、丽贝卡·桑德斯（Rebecca Saunders）以及约翰内斯·舒赫（Johannes Schöllhorn），师从迈克尔·贝尔（Michael Beil）学习电子音乐。2007 年取得作曲硕士学位。2009 年，得到法兰克福音乐学院特设的现代音乐硕士学位。2010 年获得科隆音乐学院颁发的"作曲大师"文凭（等同博士学位）以及电子音乐硕士学位。2012 年赴

巴黎继续深造。2013 年开始任上海音乐学院特聘教师。出版有个人作品
专辑 *TUN TU: Chamber Music Renewed* 等。

其作品有：吹奏乐与电子音乐《TUN TU（吞·吐）》，室内乐与电
子音乐《咖啡和茶》、"Glissadulation"，手风琴与电子音乐 "Wave in d"
管弦乐 "LTD 1"（指 "Limitde ONE"）、《大爆炸》、"Phantasmagoria"
（《蜃景》）、"Steel, Steam, Storm"（《钢铁、蒸汽、风暴》）、"Focus
Fission"（《聚焦－融合》）等。

杜韵（1977—），美籍华人作曲家、音乐理论家、音乐教育家，生
于上海市。美国约翰霍普金斯大学皮博迪音乐学院作曲教授，常驻纽约。
4 岁开始在上海音乐学院附小学习钢琴。之后就读于附中（后改学作曲，
师从杨立青）和作曲指挥系（师从邓尔博、陈钢）。移民美国后，取得
欧柏林音乐学院作曲专业学士学位、哈佛大学音乐作曲硕士和博士学位。

她作有小提琴独奏 "In 27 Pieces: The Hilary Hahn Encores"，人声、
电子音效与弦乐四重奏《跳塔郎泰拉舞的某蟑螂》（杜韵词），小号五重
奏 "Air Glow"，歌剧《天使之骨》[1] 等。

田蕾蕾（1971—），法籍华人作曲家，生于江苏省南京市一个高级
知识分子家庭。1985 年考入中央音乐学院附中；1988 年考入作曲系本科，
1993 年攻读硕士学位，均师从徐振民。硕士论文为《浅析卢托斯拉夫斯
基〈沉睡的空间〉》；1997 年继续考取了博士生，但不久即赴瑞典歌德堡
音乐学院留学，师从吾勒·卢梭豪勒姆（Ole lutzow–Holm）。

作品有：吉他与打击乐而作《融化》等。

冯蕾，瑞士籍华人作曲家，拉脱维亚里加交响乐团驻团作曲家。5
岁学钢琴。先后就读于中央音乐学院和瑞典歌德堡音乐学院，师从杜鸣
心、叶小纲、欧雷·吕措夫－霍尔姆（Ole Lützow–Holm）教授。2004

---

① 2017 年获得普利策奖，2018 年获得古根海姆大奖。

年获得瑞典最高作曲文凭。冯蕾的音乐作品试图把中国传统艺术的精华用西方现代的作曲技法表达出来。

她的作品有：室内乐《七》，交响乐《瑞典森林》，合唱交响乐《人类》等。

何冰颐，加拿大籍华人作曲家，生于香港。加拿大多伦多大学音乐系教授。

她的主要作品有：双钢琴《东方幽灵》，女声合唱《开始》，管弦乐组曲《黑暗元素》，歌剧《妲己的教训》[①]（陈以珏编剧），室内乐《六翼天使》《贵妃醉酒》。

王艺洁（1983—），旅德作曲家，生于青岛。5岁随父学钢琴。1999年考入中国音乐学院附中，师从施万春学作曲；2002年保送作曲系继续师从施万春；2007年考入德国汉堡音乐戏剧大学作曲系，师从彼得·米歇尔·哈默尔（Peter Michael Hamel），2010年获得硕士学位；2016年获得博士学位，师从 Beatrix Borchard、Georg Hajdu 和陈晓勇。

她的作品有：歌曲《忆秦娥》《小小蒲公英》，声乐曲 "Vier Lieder nach Gedichten von Sappho"（《萨福诗歌中的四首》），室内乐 "Die Zeiten des Jahres"（《一年中的时间》），"Mondnacht"（《月夜》），歌剧 "Cosi fan tutte"（《女人心》）、"Francolin"（《鹧鸪》），中提琴协奏曲 "Himmelssprung"（《跳伞》），打击乐协奏曲 "Chang'e's Reise zum Mond"（《嫦娥月球之旅》）、"Yang Guifei—Die Konkubine des Kaisers"（《杨贵妃——太子之妃》），女高音、大提琴、钢琴《诗经·关雎》等。

陆伟莉，美籍华裔作曲家。作有少儿合唱《满月的光》，管弦乐《回忆一首新疆民歌》等。

黎红缨，美籍华裔作曲家、钢琴家。作有小提琴与钢琴《心中的歌——献给中国残疾人艺术团全体艺术家》，双钢琴《心境》，二胡、扬

---

① 2013 年获得加拿大杜拉奖最佳新音乐剧、歌剧奖。

琴、琵琶、古筝、笛子《追逐》，笛子、笙、琵琶、古筝、二胡、打击乐《看客》等。

高程锦（1997—），新加坡华裔扬琴演奏家、作曲家。新加坡艺术学院扬琴学士，美国茱莉亚音乐学院作曲学士、硕士毕业，纽约大学作曲博士。丈夫为马来西亚钢琴家东姑阿末依方（Tengku Ahmad Irfan）。二人时有合作。作有小提琴独奏《孤灯挑尽》，钢琴与华乐五重奏《唐·夜旋香》，民族室内乐《巴当传奇》等。

张海卉，作曲家、钢琴家。2013年入上海音乐学院附中，师从丁缨学作曲。2016年考入曼哈顿音乐学院，师从Reiko Fueting。作有艺术歌曲《满庭芳——癸未岁中秋》、丝弦五重奏《丝弦争香》、打击乐三重奏《风满楼台》、二胡四重奏《写意》，管弦乐"Metamorphosis"（《变形》）、《西行漫记》《沙漏》《四韵》、"Eye Scream"（《眼睛的尖叫》）、《影》等。

高虹，美籍华人琵琶演奏家、作曲家，任教于美国卡尔顿音乐学院。美国作曲家协会理事。毕业于中央音乐学院民乐系，师从林石城学琵琶。作有合唱《春天来了》，琵琶独奏曲《飞龙》，琵琶与吉他四重奏《广西印象》，琵琶、班卓、乡村小提琴、电贝斯《杨柳青青》，美国电视纪录片音乐《中国制造》，音乐话剧配乐《琵琶行》等。

蔡宗玲，新加坡鼎艺团驻团华裔作曲家。美国伊斯曼音乐学院毕业。作有华乐室内乐《楚颂》《绕梁七姐诞》《离骚》《忆–元宵》等。

梁洁莹，新加坡鼎艺团驻团华裔作曲家。作有华乐室内乐《饮水思源：牛车水》《心旷神怡》《狮城街戏音画》等。

贺圆圆（1985—），旅美作曲家。2001年入沈阳音乐学院附中学作曲；2004年考入中央音乐学院作曲系，师从唐建平；2005年又考入电子音乐中心，2009年以双专业学士毕业；2010年入美国密苏里大学堪萨斯音乐与舞蹈学院，师从Paul Rudy、James Mobberly、陈怡、周龙，2013年取得作曲硕士学位，同时，入得克萨斯州大学奥斯汀音乐学院攻读博士学位。作有弦乐四重奏《熠彩》等。

张乐研，旅德作曲家，毕业于上音附中。后就读德国吕贝克音乐学院，师从 Dieter Mack。作有：长笛、钢琴《夜》，打击乐协奏曲"P.I.C.C."，民乐六重奏《羽衣》等。

汪海蓓，上海音乐学院作曲、纽约大学影视音乐作曲双硕士学位获得者。作有音乐剧《演员请就位》《宝贝儿》《太平谣》《烽火家书》《人间失格》。

程慧惠，旅欧作曲家。中央音乐学院（学士）、斯图加特音乐与表演艺术大学电子音乐专业（硕士）毕业。作品有：《美杜莎》《我的小岛》《轮到你了》《你最明智的选择》《你的人文学位》《纳西斯和厄科》《呼唤塞壬》《计划，为未来的键盘乐器和小提琴而作》《声音泄露》《梦蝶》《风暴警告》《信使》等。

王斐南（1986—），歌手、唱作人、作曲家，浙江省杭州市人。父亲为著名音乐理论家王次炤。在耶鲁大学音乐学院获得硕士及艺术家文凭。作有歌曲《水边的武士》《回到失乐园》《第一秒》，沉浸式多媒体跨界歌剧《奥菲欧》，舞剧《后战场》，交响乐《顽剧》《虚无与达达》《九天绿洲》，独角戏《双鱼独角戏》《旧港独角戏》，混合室内乐《圣山上的舞羚》《图腾狼》，室内乐与电子乐《第八宫》《面部测谎仪》，小型室内乐《融化的时钟》《女狙击手日志》《倾城》《中国画艺》等。

李姝颖（1989—），旅美作曲家，山东省即墨区人。密歇根大学作曲博士。Four Corners 室内乐团艺术总监。作有二胡和弦乐四重奏"Zigzagging"，管弦乐《阳光洒落》《世界地图协奏曲之岭南暴雪》等。

楼柯吟，旅美作曲家。2016 年上海音乐学院音乐工程专业毕业。2018 年在曼哈顿音乐学院取得硕士学位，师从马乔里·梅里曼（Majorie Merryman）。作有大提琴独奏《源·Yuan》，室内乐《静默的歌》《李白诗两首》，箫、钢琴、打击乐《月儿》等。

廖偲婕（2003—），旅美钢琴家、指挥家、作曲家，生于香港。作有钢琴独奏《旋律变奏曲》，室内乐《弦乐四重奏》等。

奚望，作曲家，旅美作曲家，上音 2001 届作曲学士。2003 年入美国康奈尔大学，2008 年获得博士学位。作有室内乐《初穹》《山谷狂想曲》，小提琴小号协奏曲《2020 年》，管弦乐《对话武满彻》等。

杨琳（1982—），作曲家，北京市人。13 岁进中央音乐学院附中，2001 年考入作曲系，师从贾国平。2007 年考入德国弗莱堡音乐学院攻读硕士，师从克涅利乌斯·施威尔。作有室内乐《影的告别》《塔》《我并不是我》，管弦乐《迅驰的柔板》等。

参考文献

［1］肇钒伊．清末民初中国女性文学创作的现代性意义［J］．文艺争鸣，2022（4）：52-59．

［2］张雅晶．百年清华的校歌、校训与校箴［J］．北京观察，2011（5）：48-52．

［3］翟奎凤．近现代大学校歌与儒家文化及大同精神：以南大、清华、浙大校歌为中心的讨论［J］．东岳论丛，2018，39（12）：44-53，191．

［4］宫宏宇．清华学校首批庚款留美女学人中的音乐人［J］．音乐艺术（上海音乐学院学报），2021（1）：66-79，4．

［5］阮春黎．音乐家周淑安成长经历与家庭关系影响考释［J］．西部学刊，2022（17）：102-106．

［6］丁汝燕．中国现代声乐艺术教育的开创者：周淑安、赵梅伯［J］．中国音乐，2006（3）：110-114,116．

［7］段蕾．周淑安选编《模范歌曲集：第一集舒伯脱》研究［J］．天津音乐学院学报，2021（1）：106-114．

［8］王秋诗．周淑安艺术歌曲创作探赜［J］．乐府新声（沈阳音乐学院学报），2022（1）：78-87．

［9］任秀蕾．周淑安儿童音乐创作［J］．艺术探索，2009，23（3）：146-148．

［10］任秀蕾．周淑安的历史地位［J］．中国音乐学，2009（3）：114-116．

［11］梁茂春．乐艺新声谱古诗：华丽丝艺术歌曲研究［J］．音乐探索，2014（1）：59-71．

［12］梁茂春．华丽丝的中国诗词艺术歌曲：纪念华丽丝诞生120周年（上）［J］．歌唱世界，2015（1）：27-30．

［13］梁茂春．华丽丝的中国诗词艺术歌曲：纪念华丽丝诞生120周年（下）［J］．歌唱世界，2015（2）：28-32．

[14] 萧曼.奉献的一生：怀念我的母亲萧淑娴[J].人民音乐，1992（5）：26-29.

[15] 汪毓和.瞿希贤及其音乐创作[J].音乐研究，1994（3）：15-25.

[16] 郭娜.瞿希贤音乐手稿的收藏、保存与研究[J].人民音乐，2020（7）：50-55.

[17] 钱亦平.寄希望于明天，寓理想于现实：纪念作曲家寄明[J].人民音乐，1997（5）：22-25.

[18] 孙慎.悼念寄明同志[J].音乐研究，1997（2）：13-14.

[19] 朱天纬.来自人民、为了人民：记黄准作品音乐会暨研讨会[J].人民音乐，1998（10）：15-18.

[20] 周德中.细心浇灌祖国的花朵：怀念作曲家李群[J].人民音乐，2004（12）：19.

[21] 汪毓和.中国近现代音乐史[M].3版.北京：人民音乐出版社，2018.

[22] 杨名.合肥地区作曲家群体研究（1978-2000）[D].合肥：安徽大学，2021.

[23] 解瑁.华人女作曲家协会举办苏州佛教音乐会[J].小演奏家，2013（7）：11.

[24] 解瑁.女性令乐坛更见姿彩：写在华人女作曲家协会成立十周年之际[J].人民音乐，2013（4）：11-13.

[25] 胡越菲."难懂难听的音乐不能出现在我的作品中"采访华人女作曲家苏凡凌[J].音乐爱好者，2018（7）：18-21.

[26] 陈志音.红河生明月彩云舞妙音：白族女作曲家李沧桑印象[J].人民音乐，2018（1）：9-13.

[27] 肖先治.中国乐坛著名女作曲家：严金萱[J].贵阳文史，2015（6）：45.

[28] 冯长春、张翼鹏.音乐教育家张玉珍考略[J].中国音乐，2024（2）：25-37，209.

[29] 解瑁.陈怡：走向世界的华人女作曲家[J].音乐生活，2008（3）：6-11.

［30］李一丁.世界女作曲家的盛会：汉城 2003"今日女性在音乐中"国际音乐节述评［J］.人民音乐，2003（10）：56-57.

［31］林苑秋.云锦无言自芳菲：一位秦腔女作曲家的素描［J］.当代戏剧，1994（2）：58-61.

［32］孙光英.加拿大华裔女作曲家雷德媛［J］.人民音乐，1987（3）：44.

［33］熊小玉.绿叶对根的情意：作曲家谷建芬歌曲创作写真［J］.音乐创作，2016（2）：9-14，6-8.

［34］冶鸿德.歌剧音乐研究的新篇章：评张筠青教授的新作《歌剧音乐分析》［J］.音乐创作，2008（5）：92-93.

［35］梁茂春.黑白键盘五彩人生：为祝贺周广仁教授 90 华诞而作［J］.人民音乐，2018（11）：4-11.

［36］吴祖强.为赵薇《小提琴曲十二首》出版祝贺感言［J］.中央音乐学院学报，2007（2）：124.

［37］李妍冰.触动心灵的诗意变奏：怀念作曲家刘庄［J］.人民音乐，2011（12）：15-17.

［38］王宇琪.南方的鸿雁草原的女儿：辛沪光与她的音乐创作［J］.音乐创作，2015（2）：11-14，5-6.

［39］蔡良玉，梁茂春.清静的纪念：作曲家孙亦林周年祭（上）［J］.钢琴艺术，2016（7）：9-15.

［40］蔡良玉，梁茂春.清静的纪念：作曲家孙亦林周年祭（下）［J］.钢琴艺术，2016（8）：35-40.

［41］颜景旺.沈利群戏曲音乐创作理念初探［J］.中国戏剧，2022（12）：81-83.

［42］刘雯.悲壮中自豪于崇高：记音乐学者蓝雪霏［J］.人民音乐，2021（10）：61-66.

［43］娄文利.继承、融合、创新：王祖皆、张卓娅的民族歌剧创作［J］.音乐创作，2015（1）：30-35.

［44］孙晓雪 . 从钢琴奏鸣曲《六象》看林品晶的创作美学观［J］. 人民音乐，
　　　2012（8）：31-33.

［45］梁发勇 . 理论、教学与创作的三重对位：于苏贤先生理论研究、教学成
　　　果与音乐创作述评［J］. 人民音乐，2014（12）：30-33.

［46］窦青 . 倪洪进《京剧曲牌钢琴练习曲四首》分析［J］. 音乐创作，2008
　　　（5）：137-138.

［47］闫若彧 . 中西音乐的融合点与生长点：杨静音乐实践道路的诠释与启示
　　　［J］. 人民音乐，2019（6）：33-35.

［48］刘健 . "出逃"：别无选择的选择：2015 北京国际音乐节刘索拉与朋友
　　　们音乐会听后感［J］. 人民音乐，2016（5）：32-33.

［49］刘涓涓 . "1+1=3"的音乐记旅法作曲家、"罗马大奖"获得者徐仪［J］.
　　　音乐创作，2012（1）：107-109.

［50］李吉提 . 中西音乐的"对话"与融合：朱琳《田间五段景》音乐分析随
　　　记［J］. 人民音乐，2017（9）：15-18.

［51］谢天 . 阈境的幻视：林瑞玲中国题材作品的创作理念及技法研究［J］.
　　　音乐研究，2022（3）：110-120.

［52］孙琦 . 陈怡无伴奏合唱作品中民族与现代手法的运用［J］. 星海音乐学
　　　院学报，2011（4）：77-85.

［53］吕丁 . 诗到山花烂漫时，她在丛中笑：记女作曲家李一丁［J］. 乐府新
　　　声（沈阳音乐学院学报），1997（1）：37-41.

［54］赵晓明 . "渴望真诚的生活"：记满族女作曲家雷蕾［J］. 乐府新声（沈
　　　阳音乐学院学报），1995（2）：43-47.

［55］刘佳 . 谈雷蕾创作的历史题材歌剧的戏剧性与艺术性［J］. 中国戏剧，
　　　2018（9）：52-54.

［56］梁发勇 . 半城春色一枝独秀：龚晓婷交响音乐会评述［J］. 人民音乐，
　　　2013（10）：32-33.

［57］安鲁新 . 丝竹管弦新韵悠扬：评青年作曲家周娟的民族管弦乐创作［J］.
　　　人民音乐，2017（2）：28-30.

［58］江雪.琴乐古韵的当代呈现：刘青的琴乐创作［J］.人民音乐,2023（3）:
11–16.

［59］于洋.弦上狂想快意人生：评弦上狂想王丹红作品音乐会［J］.人民音
乐，2015（3）：19–21.

［60］赵晓晨.传承与拓展：从青年作曲家姜莹、张昕民族室内乐创作说起
［J］.人民音乐，2012（11）：40–43.

后 记

　　《中国女作曲家史》写到这里终于结束了。此刻，笔端流淌的是笔者欣慰与感慨交织的心情。这部著作的诞生承载着我们对我国女性作曲家群体的敬意与期许。

　　首先，能在这有限的篇幅里勾勒出中国女作曲家跨越时空的音乐画卷，笔者深感荣幸。她们在历史的长河中，以坚忍的精神、敏锐的情感和独特的艺术视角，创作出无数动人心弦的作品，是中国音乐文化不可或缺的瑰宝。尽管受限于时间和资源，笔者未能面面俱到，但依然力求通过稍显浅陋的文字，反映出她们在各自时代背景下所展现出的艺术风貌与社会影响力。

　　其次，笔者深知《中国女作曲家史》的问世，不仅是对她们过往成就的追溯与铭记，更是对中国音乐未来发展的启迪与呼唤。本书旨在揭示女性作曲家所面临的挑战与突破，以此激发社会各界对女性音乐家权益的重视，推动音乐界乃至整个社会消除性别偏见，为女性音乐人才的成长与发展创造更为公平、包容的环境。

　　然而，笔者也清醒地认识到，由于时间紧迫，本书在资料搜集、深度剖析、细节描绘等方面可能存在很多不足之处，对此笔者也深表歉意。笔者诚挚期待广大读者，能以包容之心阅读此书，同时提出宝贵的意见与建议，以便修订时予以改正。

　　最后，笔者要感谢所有为本书的写作、出版给予帮助的亲朋好友，以及所有慷慨提供资料、接受采访的女作曲家及其亲属、研究者。没有你们的支持，本书可能无法如期面世。笔者希望，这部在匆忙中孕育出的作品能如一束微光，照亮那些曾被历史遗忘的角落，让世界听见中国女作曲家的声音，感知她们的力量与魅力。

愿本书作为一个起点，引领我们继续深入探寻、广泛传播中国女性音乐创作的伟大历程！

王新磊

2024 年 5 月 10 日于聊城大学音乐与舞蹈学院